주말, 104일의 혁명

주말, 104일의 혁명

이내화 지음

http://www.book21.co.kr

1년 104일의 시간이 가외로 당신에게 주어진다면 어떨까? 이런 공상 같은 현실이 우리 눈앞에 펼쳐지고 있다. 바로 주5일 근무제가 그것이다. 1년 52주, 토요일과 일요일이 그런 황금의 시간이다. 그러나 이 새로운 시간을 온전히 자기 것으로 만들어 새로운 인생을 창조하려면 준비가 필요하다. 당신은 지금 어떤 준비를 하고 있는가?

신문과 방송은 여행이나 취미 등 주말과 관련된 기사나 프로그램을 쏟아내며 즐기라 하고, 반대로 회사에서는 줄어든 근무일수에 맞춰 생산성을 높이라고 한다. 그러나 정작 주5일 시대를 살아가는 우리들의 생활 양식은 하루 더 쉰다는 것 외에 예전과 별반 다르지 않다. 주중이고 주말이고 정작 나를 위한 시간은 채 몇 시간도 되지 않는다. 여전히 주중에는 아침부터 밤까지 눈코

뜰 새 없이 바쁘고, 주말 또한 주중의 밀린 업무를 처리하거나, 모자란 잠을 자거나, 결혼식에 참석하는 등 이런저런 일에 떠밀리다 보면 하는 일 없이 지나가고 만다. 이런 이유로 무언가 바꾸어야 한다고 생각은 하면서도 몸과 마음이 말을 듣지 않는다.

중장년이 되어 살아온 인생을 후회하고 싶지 않다면 뭔가 새로운 발상과 준비가 필요하다. 그 준비는 직장 상사든, 친구든, 가족이든 다른 누가 결코 대신해 주지 않는다. 그래서 당신에겐 '단절'이 필요하다. 이제껏 살아왔던 당신의 생활방식과 단호하게 결별해야 하는 것이다. 1년에 104일, 당신 인생의 $\frac{1}{3}$ 을 차지하는 주말만이라도 '단절'에 성공한다면 그것만으로도 충분하다.

대기업 부장으로 근무하다가 얼마 전 퇴직한 이우조 씨는 "곰곰이 생각해 보니, 회사에서 일해 온 20년 동안 하루 8시간의 수면을 제외한 16시간 중 내 자아와 육체를 위해 사용한 시간이 30분도 되지 않았다"고 고백했다. 주말에도 가족을 위해 봉사만 했지 자신만의 시간을 갖지 못한 데는 큰 차이가 없었다. 그 결과는 자아와 건강의 상실이다. 가장으로서 그리고 회사 부장으로서의 공적인 삶만 살아온 이씨는 퇴직하자마자 정신적 공황 상태에 빠져들었다. "앞으로 뭘 해야 할지 가닥이 잡히지 않는다"고 불안해하는 그는 결국 아내의 강요에 못 이겨 우울증 치료를 받고 있다. 마치 특정 전자제품에만 딱 들어맞게 설계된 부품이 떨어져 나왔을 때 아무 짝에도 쓸모 없는 것과 같은 이치다.

더군다나 40대 중반의 이씨는 병원에서 측정한 육체나이가 50대 후반으로 나올 만큼 건강도 엉망이 되었다. 자신의 육체·정신 에너지를 공적인 삶에 '올인' 해 버린 그는 갑자기 일자리를 떠나면서 자기 존재의 당위성과 가치를 잃어버렸다. 즉 모든 것을 잃어버렸다. 이우조 씨에게 "머리 위에서 폭탄이 터지더라도, 끝까지 자기 자리를 지키며 최선을 다하면 성공한다"는 주문을 건 마법사는 누구인가?

우리는 미디어가 만들어낸 신화 속에 살고 있다. 최고경영자, 가수, 영화배우, 천재 과학자, 전쟁영웅. 미디어는 이들의 삶, 정확하게 말하자면 대중에게 노출된 '공적인 삶'을 각색하여 우리에게 드높은 지표로써 제시한다. "보라, 자기 일에 미친 사람들의 눈부시도록 성공적인 인생을!" 그런데 성공이란 무엇인가? 미디어가 주로 말하듯, 묵묵하게 제자리를 지키며 성실하게 일하면 성공할 수 있는가? 성공이란 것이 철저히 한 개인의 능력과 판단과 도전과 인내의 산물인가? 나는 '성공한 개인'은 없다고 생각한다. '성공적인 자리'가 있을 뿐이며 (우연히 그리고 잠시) 그 자리에 앉아 있는 사람이 미디어가 말하는 '성공한 사람'이라고 믿는다.

이 책은 그 동안 성공 신화에 중독된 우리가 잊고 살았던 '자신만의 시간'에 대한 이야기다. 일로부터 독립한, 일과 동등한 권리를 가지는 어떤 시간에 대한 이야기다. 내가 $2\frac{1}{2}$이라 부르는 새로운 주말(금요일 오후부터 일요일 저녁까지)은 그 동안 신화에 가려 보이지 않았던 것들, 신화에 억눌려 위축된 것들, 신화에 속아 포기했던 것들을 되찾는 시간이다. 그리고 새로운 주말은 놀이를 통해 새로운 사람과 새로운 기회와 새로운 가능성을 만나는 시간이다. 새로운 주말은, 신화에 속아 넘어 가서, 또는 미련하리만치 제자리를 지키며 힘겹게 살아가는 사람들이 전혀 다른 삶과 성공의 가능성을 만날 수 있는 기회의 시간으로 다가오고 있다.

나는 이런 변화를 '주말 혁명'이라고 부른다. 혁명의 기회는 누구에게나 공평하게 주어지지만 기회를 활용하지 못하는 사람에겐 쓰라린 실패와 좌절만 남는다. 나는 호모루덴스(Homo Ludens, 놀이하는 인간)의 풍요로운 삶에 인간성의 본질이 있다고 믿는다. 그리고 일과 놀이가 하나가 되는, 다시 말해 일이 놀이가 되고 놀이가 일이 되는 삶에 진정한 행복과 성공이 있다고 믿는다.

이 책의 1장에서는 주말 혁명이란 무엇인지, 우리가 이제껏 놓치고 있었던 주말의 중요성은 무엇인지 전체적으로 간단하게 짚어줄 것이다. 그리고 2장에서는 '주말 혁명'을 실천하기에 앞서 가지고 있어야 할 정신적인 태도에 대해 설명할 것이다. '주말 혁명'에 있어서 가장 중요한 것은 '실천'이겠지만, 방향성 없는 혁명은 실패로 끝날 확률이 크기 때문에 먼저 여러분들의 고정관념을 깨뜨리는 것이 중요하다. 마지막으로 3장에서는 구체적으로 '주말 혁명'을 어떻게 실천해야 할 것인지 가르쳐줄 것이다. 물론 이 작은 책에서 모든 실천 사항을 가르쳐줄 수는 없다. 그리고 사람마다 처해진 상황이 다르기 때문에 '주말 혁명'의 실천법을 일반화한다는 것에도 무리가 있다. 그러나 실천하기 쉬운 사항부터 공을 들여야 하는 실천 사항까지 순서적으로 읽어나가다 보면 자신에게 맞는 단계를 찾아내고, 자신만의 주말 활용법을 계발해낼 수 있을 것이다.

주말 혁명은 이미 시작되었다. 하지만 혁명의 과실은 앞서서 움직이는 자에게만 주어진다. 당신은 여전히 지금까지 살아왔던 방식 그대로 살 수도 있고, 주말 혁명을 밑천 삼아 인생 혁명을 주도할 수도 있다. 양자의 차이는 10년 후에 명백해질 것이다. 선택은 지금 당신에게 달려 있다.

2004년 4월
이내화

프롤로그

1장 1년에 104일은 다르게 살자

먼저 일과 갈라서자 _ 17
일탈의 즐거움을 느껴보자 _ 25

2장 생각을 뒤집으면 주말이 달라진다

느리게 사는 주말의 즐거움

게으르게 살자 _ 36
갈등은 시간이 해결해준다 _ 42
눈치 없는 사람이 되자 _ 46
약속을 반으로 줄이자 _ 52
주말에는 딴 짓을 하자 _ 58
유능함을 감추고 승진하지 말라 _ 63

거꾸로 사는 주말의 행복

우리는 반쪽 인생을 살고 있다 _ 72
새로운 나를 위한 '엑스 크로스' _ 77
생활을 바꾸면 성격이 달라진다 _ 81
스타일을 바꾸면 생각이 젊어진다 _ 86
잃어버린 반쪽을 찾아라 _ 91

주말 시간을 두 배로 늘려 쓰는 지혜
단호하게 'NO' 라고 말하자 _ 100
받는 만큼만 일하자 _ 105
시간 쓰레기 종량제가 필요하다 _ 111
피로한 사람에게 주말은 없다 _ 117
인맥, 과감하게 가지치기하라 _ 122
정보기기로 시간을 벌자 _ 127

3장 내 삶을 바꾸는 주말, 104일의 혁명

죄책감 없이 맘껏 놀자
무조건 일에서 떠나라 _ 138
쉬고 노는 데도 기술이 필요하다 _ 143

전화를 끄면 소중한 사람이 보인다
두꺼비집을 내리고 사람을 느껴보자 _ 150
TV를 끄면 가족이 보인다 _ 155
접속 대신 접촉의 시간을 갖자 _ 159

몸이 움직여야 마음도 움직인다
즐겁지 않으면 운동이 아니다 _ 168
X게임에 도전해보자 _ 175
마음은 몸의 건강을 따라간다 _ 182

취미가 인생을 바꾼다
10년을 즐길 수 있는 취미를 찾아라 _ 188
매니아에서 프로페셔널로 _ 194

인생 2막을 준비하자
인생의 후반전을 위한 주말 혁명 _ 202
인생의 자유를 찾아서 _ 207

1장

1년에 104일은
다르게 살자

MON · TUE · WED · THU · FRI · SAT · SUN

먼저 일과 갈라서자

　몇년 전, 이종혁 씨가 지사장으로 있는 직원 40명 규모의 미국계 화학원료회사에서 3명의 사원을 뽑는다는 신문 광고를 냈는데, 무려 450통의 이력서가 몰려들었다. 이씨는 "국내 대학 출신은 빼고 미국에서 대학을 나온 지원자만 면접을 보았는데도 10명이 넘더군. 대기업에 못 미치는 우리 회사 연봉을 알고 실망했을 터인데도 그 친구들은 꼭 일하고 싶다는 거야"라며 행복한 고민을 하고 있었다. 그 회사가 인기 있는 이유는 단 하나. 그 회사는 이미 1998년부터 주5일 근무제를 시행해 오고 있었던 것이다. 이제 우리에게도 본격적인 주5일 근무의 시대가 오고 있다. 주5일제는 우리의 삶을 근본적으로 바꾸어 놓을 것이다. 그러나 대다수의 직장인들은 그 변화를 막연히 추측할 뿐 구체적으로 이해하고 준비하지 못하고 있는 듯하다.

　금요일 오후에서 일요일까지. 일주일 7일 중의 2½일. 백분율로 나타내면 일주일의 35.7%. 주5일 근무제로 탄생한 새로운 주말은 우리 사회에 어떤 영향을 미칠 것인가? 그저 토요일 하루를 더 쉬거나 놀게 되었다는 피상적인 변화에 그칠 것인가? 결코 그렇지 않다. 2½이 몰고 올 변화는 사회·문화적 차원에서 개인의 라이프 스타일까지, 국가 경제 차원에서 개인의 주머니 사정에 이르기까지 광범위한 충격을 가할 것이다.

　결론부터 이야기하자면, 주말 혁명이란 산업 사회의 호모 파베르(Homo Faber, 도구적 인간)가 여가 사회의 호모 루덴스(Homo Ludens, 유희적 인간)로 진화하는 계기, '노동을 위한 여가'에서 '여가를 위한 노동'으로의 전환이다. 어쩌면 이제야 '놀이하는 인간'이라는 인간성의 본질을 회복할 수 있는 기회가 찾아왔는지도 모른다. 인간을 동물과 구분하는 모든 것, 즉 먹고 사는 문제 너머의 모든 것, 다시 말해 '문화'라는 것의 본질이 바로 '놀이'가 아니겠는가?

　미국과 유럽의 3차 산업, 즉 서비스업 비중은 이미 70%를 넘어섰다. 다시 말해 70%의 노동자가 먹고 입고 자고 마시고 놀고 쉬는 업종에 종사한다는 이야기다. 그 중에서도 특히 주말·휴가와 관련된 레저 업종은 더욱 빠른 속도로 확산되고 있으며 언젠가 지구상에서 가장 큰 업종으로 성장하리라는 전망까지 나오고 있다. 요즘 미국에서 새로 창출되는 일자리의 12%가 오락 산업이라고 하니, 단적으로 말해 남의 놀이 또는 자기 자신의 놀이가 직업이 되는 셈이다.

우리나라에서도 이런 변화가 대부분의 문화소비를 포함하는 넓은 의미의 '레저' · '자기 계발' · '부업'이라는 3개의 핵심축을 중심으로 확산되어 가고 있다. 벌이는 뻔한데 씀씀이는 늘어남에 따라 레저 · 자기 계발 · 부업이라는 3개의 축이 서로 맞물려 돌아갈 수밖에 없는 것이다. 바야흐로 사고의 중심축을 '일'에서 '놀이'로 옮겨야 할 때가 왔다. 주말은 더 이상 일을 위해 휴식을 취하는 '주중에 종속된 시간'이 아니라 놀이라는 새로운 삶의 양식을 위한 시간이기 때문이다.

$2\frac{1}{2}$이 불러올 충격은 주말 $2\frac{1}{2}$과 주중 $4\frac{1}{2}$을 서로 다른 별개의 시간으로 갈라놓을 것이다. 바꿔 말하면 $2\frac{1}{2}$은 일을 위한 $4\frac{1}{2}$과는 전혀 별개인 '다른 삶'을 우리에게 제공할 수 있다는 뜻이다. 반복적인 업무와 경직된 일상에 사로잡힌 직장인일수록 주중과 주말을 철저히 분리함으로써 주말이면 "사람이 180도 달라진다"는 이야기를 들을 정도로 이중생활을 즐길 수 있도록 해야 할 것이다.

앞으로는 주말마저 일에 사로잡힌다면, 무능하거나 평생직장이라는 이미 폐기된 과거지사의 추억에서 헤어나지 못하고 있다는 평가를 받게 될 것이다. 당신이 어떤 능력의 소유자든, 당신의 업무가 무엇이든, 당신이 얼마나 헌신적으로 일에 매달리든 그어느 것도 당신의 미래를 보장해 주지 못한다. 알다시피 오늘의 노동 시장에는 실리와 계산만 있을 뿐이며 당신과 회사는 시장논리만으로 맺어질 수 있는 관계다. 시장논리 바깥에는 아무것도 없다고 생각하라. 그러면 역설적으로 당신은 회사가 진정으로 원하는 사람이 될 수 있다.

지난 세기에는 세일즈나 기술 따위의 '특정 분야에 대한 전문성'이 직장인으로서의 가치를 결정했지만, 앞으로는 '다양한 전문성'을 확보함으로써 더욱 빨라진 변화에 적응할 수 있는 능력을 갖추어야 한다. 어차피 떠나야 한다면 밀려나기 전에 스스로 떠날 수 있는 능력을 길러야 한다. 그 다양성을 확보할 수 있는 절호의 기회를 $2\frac{1}{2}$이 제공하는 것이다. 그 동안 주6일 근무제에서의 주말은 '일을 위한 휴식과 재충전'이라는 수동적·종속적 시간이었으며, 때로는 6일 동안 일에 얽매인 것에 대한 보상으로서 충동적 일탈에 소모되는 하루이기 쉬웠다.

그러나 $2\frac{1}{2}$은 그렇게 무작정 흘려보내기에는 너무 긴 시간이다. 10년 후를 생각해 보라. 10년 동안 당신에게 주어진 $2\frac{1}{2}$을 모두 합하면 무려 1300일, 즉 3년 반이나 된다. $2\frac{1}{2}$이 한 사람의 10년 후를 얼마나 크게 바꾸어 놓을 수 있을 것인가는 독자의 상상에 맡기겠다. 주중과 주말을 철저히 갈라야 한다. 갈라서지 못하면 뒤떨어지고, 뒤떨어지면 죽는다.

2002년, 15년을 일해 온 국내 대기업에서 유럽계 다국적 기업으로 이직한 40세의 김평중 씨는 모든 직장인들의 꿈이라고 할 수 있는 이른바 '칼 퇴근'과 주5일제에 적응하느라 애를 먹었다고 한다. 전에 다니던 직장에서 무조건 8시까지 자리를 지키던 습관, 상사가 자리에 있을 때면 퇴근하지 못한다는 불문율에 오랫동안 길들여져 있었기 때문이다. 그러나 곧 새 직장의 모든 직원들이 6시만 되면 썰물처럼 몰려 나가는 분위기 때문에 늦게까지 남아 있던 습관은 쉽게 고칠 수 있었다고 한다.

그런데 문제는 김씨가 주말을 보내는 방식에 있었다. 전 직장에서 김씨는 일요일 오전에 출근하여 밀린 일을 처리하고 다음 주 업무를 점검한 뒤 오후 5시경에 집에 돌아가기를 10년 이상 계속해 왔다. 새 직장으로 옮긴 지 며칠 후, 김씨는 습관대로 일요일에 집을 나섰다. 긴장한 탓도 있고 업무에 속히 적응하기 위해 그날은 새벽같이 집을 나서 오전 8시에 도착했다. 그런데 빌딩 관리인이 "관리부장 허락 없이는 문을 열어줄 수 없다"고 말하는 것이었다.

곤히 자는 관리부장을 전화로 깨워 문을 열고 업무는 보았지만, 다음날 김씨는 영국인 지사장의 호출을 받고 마치 용의자가 취조를 받듯이 "왜 일요일에 사무실에 나왔으며 도대체 무얼 했는가?"라는 추궁에 진땀을 흘려야 했다. "밀린 일도 있고 또 다음 주 업무 계획도 점검했다"고 말하자 지사장은 "어떤 일을 왜 미루어두었는가?"라고 캐묻다가 짐짓 무언가 감을 잡았다는 듯 안색이 돌변하더니 "납품이나 선적에 문제가 생긴 것 아니냐? 당장 그 일에 대해 보고서를 써라. 내가 당신을 잘못 뽑은 것이 아니기를 바란다"는 거의 최후통첩에 가까운 말까지 했다.

다행히 지사장의 오해는 곧 풀렸고, 그날 이후 김씨의 아이들은 주말을 아버지와 함께 보낼 수 있게 되었다. 김평중 씨는 "일요일에 출근하는 습관은 결국 주중의 느슨한 근무 태도, 즉 시간을 제대로 관리하지 못한 탓임을 깨닫게 되었다. 그리고 직장생활 15년 만에 주말에 즐거워하는 가족들을 보면서, 시간관리에 실패하면 직장도 가정도 무너진다는 사실을 이제야 알았다"고 말한다.

주말을 제대로 활용하는 첫 번째 열쇠는 '시간관리'에 있다. 일주일 업무는 법정근로 시간인 40시간 내에 맺고 끊어야 시쳇말로 일 보고 밑 훔치지 않은 찜찜한 기분으로 주말을 맞이하는 일이 없을 것이다. 마찬가지로 주말이 근무 시간에 악영향을 미치지 않는 것도 매우 중요한데, 그와 관련해서는 나중에 그 요점인 '피로관리' 부분에서 이야기할 것이다. 아무튼 가장 중요한 것은 $2\frac{1}{5}$ 과 $4\frac{1}{5}$ 사이를 칼날처럼 맺고 끊는 단호함이다.

그 다음으로 중요한 것이 삶의 균형이다. 언젠가 나는 국내 모 연수 기관의 교육프로그램에 참가한 기업 경영자들에게 "당신은 정말 성공하셨습니까?"라는 질문을 한 적이 있다. 대다수의 경영자들은 비즈니스맨으로는 어느 정도 만족할 만한 성공을 거두었으나, 그 대신 큰 희생이 따랐다고 이야기했다. 그 희생은 주로 '자신의 건강', '가족', 특히 '부부 사이의 문제' 등과 관련된 것이었다. 다시 말하자면 이들은 정상에 올랐으나 줄곧 앞만 보고 뛰어온 자신의 삶에 대해 후회를 한다는 이야기다.

성공학자이자 사업가인 폴 J. 마이어는 인간의 삶을 하나의 수레바퀴에 비교하고 있다(31페이지 Tip 참조). 그는 이 삶의 수레바퀴에는 '직업·재정 분야', '신체·건강 분야', '지성·교육 분야', '정신·윤리 분야', '사회·문화 분야' '가족·가정 분야' 등 6개의 바큇살이 있어 삶을 지탱해 나간다고 전제한 뒤, 이 6개 분야가 골고루 균형 잡힌 삶을 영위해야만 비로소 "성공적인 인생을 살았노라"고 말할 수 있다고 강조하고 있다.

당신이 이 6개 분야에 대한 각각의 만족도를 그린 결과가 수레바퀴처럼 둥근 모양을 하고 있다면, 당신은 균형 잡힌 삶을 살고 있다고 할 수 있으며 당신의 삶은 유연하게 굴러갈 것이다. 그러나 어느 한 분야의 점수만 너무 높거나 혹은 너무 낮아 바퀴의 한 부분이 불쑥 나오거나 들어가 있다면, 당신의 삶은 몹시 덜컹대며 굴러가게 될 것이다. 이런 사람은 균형 잡힌 삶을 영위하지 못하고 어느 한 분야에만 지나치게 몰두하고 있다고 볼 수 있다.

이와 같은 맥락에서 볼 때 주말에도 여전히 주중의 일에 얽매여 시간을 보내는 사람은 삶의 균형을 유지할 수 없다. 결국 삶의 불균형의 주요 원인은 주말을 보내는 방식에 있으며, 균형 잡힌 삶을 영위하는 진정한 성공은 "어떻게, 어떤 주말을 보내는가"에 달려 있는 것이다.

햄릿은 부친의 죽음 앞에서 "시대가 궤도를 벗어났다(The time is out of joint)"고 탄식한다. 그는 궤도를 벗어나 제멋대로 가고 있는 시대를 저주한 것이 아니라, 잘못된 것을 바로잡아야 하는 자신의 운명을, 자신에게 부여된 정의의 사명을 "아 저주받은 원한이여, 나는 그것을 바로잡으려고 태어났구나(That ever I was born to set it right)"라고 저주한 것이다. 셰익스피어의 4대 비극 중 하나인 햄릿의 비극성은 바로 이 '애처로운 우스꽝스러움'에 있다. 그러나 현실의 누구도 햄릿처럼 자기 인생을 웃기는 비극으로 만들고 싶어하지 않는다.

당신은 성공하고 싶은가? 행복해지고 싶은가? 그런데 당신은 원래 당신의 궤도를 벗어나 엉뚱한 궤도 위를 달리고 있지는 않은가? 그것을 점검해 보기 위해서는 현재의 궤도를 벗어나 보는 수밖에 없다. 그래서 당신의 주말은 지금까지 일에 얽매여 온 현재의 삶과는 전혀 다른 무엇이어야 하며, 낯선 사람을 만나보는 시간이 되어야 한다(실은 '무엇'이 아니라 '무엇들'이고 '사람'이 아니라 '사람들'이다. 왜냐하면 현재의 문제는 '나를 바꾸는 것'이 아니라 '나를 어떻게 바꾸는가' 하는 것이기 때문이다). 잘못된 궤도를 바로잡는 것, 그것은 당신의 의무이자 권리다.

일탈의 즐거움을 느껴보자

어느 해 겨울, 전자부품을 생산하는 E주식회사 김진태 사장의 집에 초대를 받은 적이 있었다. 저녁 식사를 마치고 거실에서 술을 마시는 가운데, 중학생인 그 집 아들 이야기가 화제에 올랐다. 김 사장은 녀석이 학교에서 이른바 '짱' 노릇을 하며 말썽이란 말썽은 도맡아 저지르고 있다고 하소연을 늘어놓았다. 그 이야기를 하는 김 사장의 붉어진 얼굴과 가늘게 떨리던 손을 나는 지금도 기억한다.

"다 내 잘못이지. 지난 3년 동안 중국에 공장 짓는다고 거기서 살다시피 했으니……. 요즘 오토바이 사달라고 제 엄마에게 난리를 치는 모양인데 이거 정말 큰일일세."

사업에 크게 성공한 김 사장은 아들 문제가 유일한 걱정거리이며, 다른 부모들처럼 녀석이 공부 잘해서 좋은 대학에 가준다면 다른 것은 하나도 바라지 않는다고 했다.

그리고 다음 해 여름, 강원도에 큰 수해가 났을 때 김 사장에게서 집으로 초대하고 싶다는 연락이 왔다. 며칠 후, 밝은 표정으로 "이놈이 내 아들이야"라고 소개하는 김 사장과 다시 만나게 되었다. 그때 김 사장과 그 아들의 검게 그을린 얼굴을 보고 '어디 바닷가라도 다녀온 모양이지'라고 짐작했는데, "강릉에 가서 일주일 동안 자원봉사를 하고 왔다"는 것이 아닌가.

"처음엔 사흘만 봉사하고 돌아오려 했는데 아들놈이 쓰레기 치우는 작업이 마무리될 때까지 일하자고 고집을 부립디다. 저놈이 많이 달라졌어."

껄껄 웃는 그를 보며 나는 '저게 바로 부자만이 누릴 수 있는 최고의 호사다'라고 생각하며 내심 몹시 부러워했다. 부족한 것 하나 없이 자라온 말썽꾸러기가 단 한 번의 자원봉사를 통해 심경의 변화를 일으켰다는 사실보다는 오히려 '참혹한 수해 현장을 체험하면 아들이 달라질 것이다'라는 그의 발상이 더 놀라웠다. "오토바이 사준다고 유인해서 끌고 갔어······" 하며 시작한 아들 자랑으로 그는 밤이 깊어가는 줄도 몰랐다.

지금으로부터 20여 년 전, 당시 국내 최대 석탄 생산업체 중 하나인 D주식회사 임원 이두형 씨의 외동딸도 비슷한 경우다.

연예계 언저리를 맴돌던 이 아가씨는 어찌나 행동거지가 발랄했는지 〈선데이 서울〉 같은 주간지에 가십거리로 오르내릴 정도였다. 거미줄 같은 남자관계, 봇물 터진 씀씀이, 시한폭탄을 방불케 하는 돌출행동 등등, 있는 집에서 제멋대로 자란 티란 티를 여지없이 내는 아가씨였다. 그런데 "딸 생각만 하면 피가 거꾸로 돈다"던 이두형 씨가 기어이 자기 딸을 탄광 갱으로 끌고 들어가 지하 수백 미터를 수직으로 내려가는 엘리베이터에 밀어 넣자 시쳇말로 모든 문제가 '한방'에 끝나버렸다. 그 아가씨는 갱 입구부터 겁을 잔뜩 집어먹더니, 떨어지듯 초고속으로 내리쏘는 엘리베이터 안에서 그만 소변을 놓쳐 버렸다고 한다.

아버지는 별 뜻 없이 홧김에 저지른 일이었지만 회초리 한번 맞지 않고 금이야 옥이야 자란 아가씨에겐 세계관이 완전히 달라지는 체험이었다. 그날 이후 이두형 씨가 만나는 주변 사람들에게 자기 딸이 "얌전한 요조숙녀가 됐다"며 껄껄 웃었다고 하니 이미 중년이 되었을 그 아가씨가 어떻게 달라졌는지는 군이 말하지 않아도 독자들은 능히 짐작할 수 있을 것이다.

이 두 가지 예를 든 것은 주말 혁명과 관련하여 체험의 중요성을 보여주기 위함이다. 인생이란 세월의 흐름이 아니라 불연속적인 체험의 연속이다. 인도에 전해 내려오는 "어떤 죄로부터 완전히 자유로운 사람은 그 죄를 짓고 회개한 사람뿐이다"라는 속담은 궁극의 깨달음은 체험을 통해서만 얻을 수 있다는 뜻이다. 또한 모든 종교인은 고행이라는 극한의 체험을 통해 도를 구한다. 대입 수학능력시험 출제위원이기도 했던 모 대학 교수는 "이름을 밝히지 말아 달라"면서 이런 이야기를 했다.

"옛날엔 대입 수석 학생을 인터뷰하면 대답이 천편일률적이었잖아요? 과외는 받은 적 없고 교과서 위주로 공부했고 잠은 충분히 잤고……. 그땐 정말 그랬는지 몰라도 요즘은 어림없는 얘기죠. 강남 아이들이 서울대를 점령하는 까닭이 반드시 비싼 과외를 받았기 때문만은 아닙니다. 창의력과 복합인지능력을 측정하는, 즉 여러 과목을 뒤섞어 문제를 만드는 요즘 수학능력시험은 부잣집 아이들에게 절대적으로 유리해요. 어려서부터 국내외로 여행과 연수를 다니고, 예체능 교육을 받고, 좋은 책을 마음껏 사보고, 연주회, 연극, 영화 등등의 다양한 문화활동을 체험해 본 아이들에게 절대적으로 유리하게 출제되기 때문이죠."

그리고 그 교수는 "부모가 올바른 생각만 가지고 있으면 요즘은 부잣집 아이들이 가난한 집 아이들보다 인성이 더 좋습니다. 어린이는 폭력은 물론이고 가난한 체험으로부터도 얼마간은 격리시킬 필요가 있다고 봅니다"라는 말도 했다. 결국 사람의 사고는 체험의 경계선 내에서 구성되고 사고의 확장은 체험의 확장이며 사고의 전환은 체험의 전환인 것이다.

"천재란 99%가 땀이며, 나머지 1%가 영감이다"라는 말로 유명한 발명왕 에디슨은 대학의 강의를 경멸했다. 그리고 당시의 교육에 대해서도 "현재의 시스템은 두뇌를 하나의 틀에 맞추어 가고 있다. 독창적인 사고를 길러내지는 못한다. 중요한 것은 무엇이 만들어지고 있는 과정을 지켜보는 일이다"라고 비판했다. 창의성도, 발명도, 사고의 전환도, 관건은 그와 관련된 체험의 종류이고 체험의 확장이다. 따라서 창의성과 사고의 전환이 최고의 가치로 받아들여지는 요즘, 가장 값진 투자는 새로운 체험에 시간과 돈을 투자하는 것이다.

당신의 현재가 만족스럽지 않다면, 그런데 행복해지고 싶다면, 그리고 성공하고 싶다면 주말 혁명을 시도하라. 이것은 지금껏 당신이 경험해 보지 못한 새로운 체험을 통해서 이루어져야 한다. 그것이 여행이든 스포츠든 예술이든 부업이든, 당신이 겪어 보지 못한, 생각은 있지만 막상 행동으로 옮기지 못한, 때론 상상도 하지 못한 그런 세계에 뛰어들어 보라. 당신의 사고와 당신의 영혼과 당신의 세계관, 그리고 궁극적으로 당신을 둘러싼 세계가 달라질 것이다. 작년까지만 해도 직장생활의 스트레스를 유흥업소에서 풀던 D그룹 서원경 부장은 건강에 심각한 문제가 있었다. 그런 서 부장을 주말 여의도 한강시민공원에서 우연히 만나 근황을 친구에게 전해 듣고 나는 놀라 까무러칠 뻔했다. 나이 마흔셋의 서 부장이 마치 미국 영화에 나오는 폭주족 복장으로 비슷한 차림의 몇몇 동호인들과 함께 오토바이에 오르다가 바람 쐬러 나온 내 친구를 알아본 것이다. 서 부장은 뭘 그리 놀라느냐는 듯 "나는 그 동안 헛살았어요. 이게 진짜 인생이죠. 술은 끊었어요. 술은 잊자고 마시는 거잖아요. 그런데 속도만 못하더군요. 오토바이와 함께 달릴 때는 '바로 지금 이 순간' 말곤 어제도 내일도 없는 거예요"라고 말했다고 한다. 서 부장의 일탈이 그저 직장 생활의 스트레스를 푸는 목적이라면 앞서 이야기한 '노동에 종속된 주말'을 보내는 것에 불과한 것일 수 있다. 그러나 서 부장의 일탈은 단순한 스트레스 해소 차원이 아닌 인생 차원의 것으로, 주말을 보내는 하나의 방법으로 제시할 수도 있다. 주중과 전혀 다른 삶으로서의 주말은 다른 무엇보다도 당신의 '기존 생계유지 체제', 이를테면 업무로부터 완전히 독립된 시간이어야 하며, 반복적인 일상으로부터도 벗어나는 시간이어야 한다.

주말 혁명의 본질은 놀이가 중심이 되는 전혀 다른 삶에 뛰어드는 것이다. 놀이를 위해 시간과 돈과 노력을 투자하는 것이다. 이런 투자로 얻는 것은 과연 무엇인가? 노력한 만큼, 즉 열심히 논 만큼 나에게 돌아오는 것은 무엇인가?

왜 내가 "놀 줄 모르는 사람은 성공하지 못한다"고 주장하는지 곰곰이 생각해 보라. 놀이가 성공으로 통하는 지름길이 되는 세상, 아니 차라리 놀지 못하면 실패한 인생이 되는 세상, 이것이 바로 주말 혁명이 만들어낼 세상이기 때문이다.

폴 J. 마이어와 6개의 삶의 수레바퀴

폴 J. 마이어는 개인의 성장과 개인의 생산성, 그리고 개인의 성공 원리 등 개인에 초점을 맞춰 인생을 어떻게 설계해야 할 것인지에 관심을 가진 자기계발 전문가이다. 이미 27세에 억만장자가 되었지만 각종 청소년 단체 및 자선단체에서 이사로 활발하게 활동하는 그의 삶은 그가 자신의 이론을 실천하면서 살고 있다는 것을 증명한다. 많은 사람들이 직장에서, 재테크에서 성공하는 것을 인생의 목표로 설정하여 살아간다. 그러나 아래 그림과 같이 6가지 삶의 영역이 조화를 이루지 못할 경우 인생은 이가 빠진 바퀴처럼 덜컥거리게 될 것이라고 마이어는 강조한다.

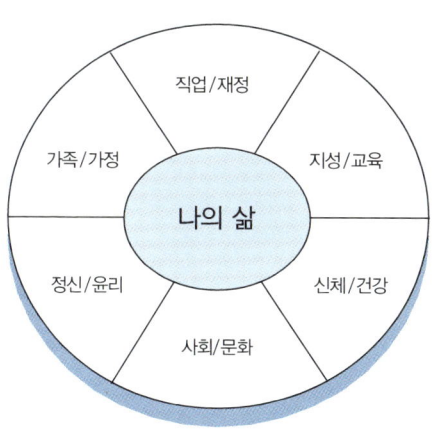

〈인생의 6개 바퀏살〉

2장
생각을 뒤집으면
주말이 달라진다

MON · TUE · WED · THU · FRI · SAT · SUN

느리게 사는
주말의 즐거움

_ 게으르게 살자

_ 갈등은 시간이 해결해준다

_ 눈치 없는 사람이 되자

_ 약속을 반으로 줄이자

_ 주말에는 딴 짓을 하자

_ 유능함을 감추고 승진하지 말라

게으르게 살자

단도직입적으로 말해서 서양 사상의 뿌리가 된 그리스 사상은 노예들이 만들어낸 것이다. 당시 농부나 어부의 입장에서 보면 노예가 모든 일을 대신해 주는 그리스 사상가들은 그야말로 무위도식하는 것이나 다름없었다. 그리스 사상가들은 "사람은 아무 할 일이 없을 때 비로소 자신의 잠재력을 깨닫는다" 그리고 "학문, 예술, 정치 분야의 자기 계발에 힘을 기울일 때 비로소 진정한 인간이 될 수 있다"고 주장했다고 한다. 결국 "일은 노예들이 하고, 우리는 고상하게 학문과 예술과 정치를 논하는 진정한 인간이 되겠다"는 뜻이다.

사실 오지에 있는 원시종족의 주술사가 생계를 걱정하지 않듯 대부분의 사회에서 철학(형이상학)의 기원은 노예 제도의 기원과 때를 같이한다. 하늘을 봐야 별을 따는 법이고, 먹고 살 걱정이 없거나 그 걱정을 잊어야 철학이든 주술이든 신이든 딴 생각을 할 수 있지 않겠는가. 창의력에는 분명 개인 차가 있겠지만, 창의성의 본질은 오늘날의 사회가 비난해 마지않는 게으름에 기대고 있다. 예술가, 철학자, 발명가, 소설가 등등 비교적 창의적이라는 사람들은 대체로 게으르다. 당장 먹고 살 일이 캄캄해도 다들 약속이나 한 듯 눈 하나 꿈쩍하지 않는다.

여기서 말하는 '게으름'이란 신조어 '귀차니스트(지나치게 복잡해진 인간관계를 끊고 방안에 틀어박혀 '아무것도 하지 않는 것'을 지향하는 사람. 만화가 권윤주 씨의 홈페이지 www.snowcat.co.kr의 만화 주인공 스노우 캣 추종자들 사이에 알려지기 시작하여 많은 신세대들의 열렬한 지지를 받고 있다.)'처럼 무아지경으로 방바닥을 뒹굴거나 TV와 혼연일체가 되는 것 따위와는 거리가 있다. 게으름이란 먹고 살기 위해 해야 하는 일을 잊고, 딴 생각과 엉뚱한 짓에 몰입한 상태를 말한다.

사실 귀차니즘은 지나치게 복잡하고 각박한 사회에 대한 일종의 병적 반응일 뿐 인간의 본성은 본디 고독과 심심함을 두려워한다. 그리고 '빠름＝부지런함', '느림＝게으름'이라는 등식도 모든 생산을 육체 노동에 의존하던 옛날 사고방식에서 비롯된 것이다. 그러나 기계가 세상을 바꾼 지 이미 오래다.

그런데도 먹고 살기 위해 우리는 너무 바쁘다. 일의 양이 많아서는 아니다. 종류가 너무 많아서다. 주말을 효과적으로 활용하기 위해서는 받은 만큼만 일하고, 시간 쓰레기 종량제를 시행하고, 인맥을 가지치기하고, 피로를 관리해야 한다(이에 대해서는 뒤에서 구체적으로 설명하겠다). 그 목표는 단 하나, '시간을 남기기' 위해서다. 나에게 주어진 24시간을 TV 편성표처럼 빈틈없이 활용하자는 것이 아니다. 오히려 그 반대다. 오른팔을 베어내는 심정으로 일을 줄이고, 왼팔을 베어내는 심정으로 인간관계를 정리하여 빈틈을 만들라는 뜻이다. 뭐든 모으려고만 하지 말고 버리면서 몸과 마음을 가볍게 하라는 뜻이다. 그리스 사상가들처럼 먹고 사는 문제를 완전히 잊을 수는 없다. 하지만 게으름을 피울 수 있음에도 불구하고 걱정과 욕심 때문에 일에 구속되었던 $2\frac{1}{2}$의 주말이 있다.

대기업에 자동차 부품을 납품하는 K주식회사 이병건 사장은 그야말로 '무골호인'이라 불릴 만큼 너그럽고 자상한 사람이다. 신입사원들의 집안 사정까지 꿰찰 정도로 회사의 상하좌우를 넘나들며 열정적으로 일해 왔는데 매출이 늘고 직원도 늘다 보니 그에게도 한계가 찾아왔다. 어느 날 이 사장은 전화로 "내가 관리직 간부를 잘못 뽑은 것 같아. 사업을 시작할 때부터 생사를 같이해 온 사람들인데……"라는 고민을 털어놓았다. 전후 사정을 듣고 보니 그 동안 대부분의 결정을 사장이 직접 내린 탓에 간부들이 무기력증에 빠진 듯했다. 숨이 턱에 찬 이 사장이 부랴부랴 관리 업무를 간부들에게 넘겨주었지만 말썽이 잦았다고 한다.

나는 경영 지침서마다 빠지지 않고 등장하는 조항 중 하나를 들려주었다.

"그래도 그분들에게 권한을 넘겨주세요. 사장님은 슬슬 골프나 치시고요. 그리고 반드시 실수할 기회와 실수를 수습할 시간도 함께 주어야 됩니다."

이 사장의 독창이 K주식회사의 합창으로 바뀌는 데는 거의 1년이 넘게 걸렸다고 한다. 생산성, 불량률 등 거의 모든 생산지표가 크게 호전되었고, 이 사장 특유의 허풍이겠지만 "내가 마음을 비우고 골프를 시작한 때가 IMF 1년 전이잖아? 조금만 늦었어도 나는 서울역에 드러누워 있었을 거야"라며 나에게 고맙다는 인사를 거듭했다. IMF를 지나면서 K주식회사의 규모는 거의 3배로 커졌다. IMF를 견디지 못한 자동차 부품 회사 2개를 인수한 탓인데. 인수한 회사 사장은 모두 초보 골퍼인 이 사장을 한수씩 가르친 사람들이라고 한다.

"다른 종류의 부품을 생산하는 회사를 인수하여 규모를 키우자"는 이 사장의 결정이 잘한 것인지 아닌지는 누구도 알 수 없다. 도약의 발판이 될지 함정이 될지 지금은 모른다. 하지만 중요한 점은 K주식회사에서 그런 결정을 내릴 수 있는 사람이 이 사장밖에 없다는 사실이다. 골프 모임이나 조합 모임을 통해 그런 기회를 만날 수 있는 사람은 게을러진 이 사장 외에는 아무도 없는 것이다.

유통회사를 경영하는 내 친구 오종남 씨는 2001년 봄에 직장 상사와 심하게 다툰 것이 창업과 성공의 계기가 되었다. 며칠째 영업은 하지 않고 한강 둔치를 어슬렁거리던 오씨는 그 사이 낯을 익힌 비슷한 처지의 사내와 소주를 마시며 그의 하소연을 듣게 되었다.

요지는 "쇼핑몰을 하다가 망했는데 배송 문제 때문에 소비자 신뢰를 잃었다"는 이야기였다. 그 순간 오씨는 중소 규모 쇼핑몰의 물류를 대행해 주는 사업을 구상했고 이내 창업에 돌입했다. 계약을 맺은 여러 쇼핑몰들은 주문만 받고 오씨가 물건을 떼다가 배송하는 일을 대행하는 사업이었다. 마포구 망원동의 20평 지하 창고에서 시작한 오씨의 사업은 예상이 적중하여 달마다 2배씩 성장했다. 퇴직에 반대하는 아내와 다투다가 결국 이혼하는 불행도 겪었지만 사업만큼은 나날이 번창하고 있다.

오씨의 결정은 잘한 일인가? 사업의 성공과 결혼생활의 실패를 저울질할 기준은 있는 것일까? 사람의 능력에는 저마다 한계가 있다. 가끔 의사가 음반을 냈다느니, 서울대 출신이 가수가 됐다느니 하는 소식이 들린다. 그런데 그들이 음반 한 장 달랑 내고 갓 데뷔한 따위가 얼마나 별난 일이면 뉴스거리가 되겠는가. 미디어가 파는 상품의 가치는 '얼마나 별난가, 즉 얼마나 자극적인가' 로 결정되기 때문이다.

서태지도 조용필도 딱딱한 사회적 기준에서 보자면 무척이나 게으른 사람이다. 그러나 그 게으름은 '다른 길'을 볼 수 있도록 시야를 넓혀 준다. '다른 길'이 정상으로 이어질지 절벽으로 떨어질지 아무도 모르지만, 게으름의 미학은 그리스 사상가들의 말처럼 "생계를 떠나 있을 때 자신의 잠재력을 깨닫는다"는 데 있다. 비로소 자신의 잠재력을 깨달은 사람은 설사 절벽에서 떨어져도 행복한 것이다.

갈등은 시간이 해결해준다

불편한 인간관계에서 비롯된 갈등과 분노는 시간을 빼앗고, 잠을 설치게 만들고, 귀중한 여가마저 심란하게 만든다. 석가모니는 "문제란 해결되는 것이 아니라 사라지는 것이다"라고 설파했다. 결론부터 말하자면 문제가 제 스스로 사라지지 않는다면 잊어야 한다. 아예 언급하지 말아야 한다. 관계가 불편하면 불편한 대로, 껄끄러우면 껄끄러운 대로, 죽이고 싶을 정도로 미우면 미운 대로 그냥 가는 것이다. 불편한 인간관계를 개선·정상화·회복·반전시키려는 대부분의 노력은 수포로 돌아가기 쉽다. 또한 잠시 해결된 듯 보여도 언젠가는 다시 터지고 말 시한폭탄이다. 왜냐하면 가정이나 직장·사회생활에서의 갈등은 개개인의 인성 탓이라기보다는 대개 자리와 자리, 위치와 위치 간의 갈등이기 때문이다.

내 친구 오상항 씨는 홀어머니를 못 모시겠다는 아내와 이혼 직전까지 가는 처절한 갈등을 겪었다. "내 평생 두 번째로 큰 실수는 저 여자와 결혼한 것이고, '가장 큰 실수는 아이까지 낳은 것이다"라며 이혼도 못하는 자신의 처지를 비관해 왔는데, 그 어머니가 돌아가시자마자 잉꼬부부도 그런 잉꼬부부가 없는 것처럼 부부 사이가 돌변했다. 박힌 돌과 굴러온 돌, 그리고 남편 간의 팽팽한 삼각 갈등은 꼭지점 하나가 줄어들면서 홀연히 사라졌던 것이다.

군대의 경우도 마찬가지다. 가끔 군대에서 원한을 품은 졸병이 고참에게 총질을 하거나 내무반에 수류탄을 투척하는 사건이 일어난다. 남자들은 죽는 날까지 군대 이야기만 나오면 목청을 높이지만 뼈에 사무친 원한을 제대한 다음에 갚는 경우는 거의 없다. 일병과 상병 간의 갈등은 계급장을 떼는 순간 사라지기 때문이다. 상환 기한을 넘긴 채무자와 채권자 사이 역시 좋을 수가 없다. 빚을 갚기 전까지는 말이다. 또 피라미드 구조의 서열체계에서 승진을 원하는 경쟁자끼리의 갈등은 회사가 원하는 것일 수도 있다.

다시 말하지만 본질적으로 모든 갈등은 가정과 사회에서의 위치, 자리, 권리, 의무 관계가 만들어낸다. "역사가 영웅을 부르고, 자리가 사람을 만든다"는 말을 잊지 말자. 사람과 사람 사이의 갈등은 해결하기보다는 못 본 척, 모르는 척, 그냥 내버려두는 편이 좋은 경우가 많다. 시간 낭비일 뿐이다.

직업이 직업이니만큼 거의 의무적으로 책을 읽어야 하는 나는 서가에 잔뜩 쌓아둔 채 먼지만 쌓여가는 책들을 볼 때마다 몹시 부담을 느꼈던 적이 한두 번이 아니다. 그럴 때면 그 중 한 권을 뽑아들고 몇 장을 넘겨보지만 이내 다시 꽂아둔다. 책은 펼쳤지만 다른 일이 마음을 어지럽히기 때문이다.

그러던 어느 날 나는 나중에 읽어도 될 책, 다시 읽을 필요가 없는 책을 추려 창고에 처박아 버렸다. 창고에 쌓아둔 사실조차 기억에서 희미해지자 일에 더욱 집중이 되고 그렇게 마음이 편할 수 없었다. 그후로 '책을 읽어야 하는데……' 라는 부담감과 그로 인한 쓸데없는 책 욕심을 버리기로 했다. 습관적으로 서점에 들르는 일, 의무적으로 신문 서평을 뒤적이는 일도 삼가고 있다. 요즘 이름은 기억나지 않는 어느 철학자의 말을 새삼 되새기고 있다. "한 사람의 일생에 독서는 1백 권이면 차고 넘친다. 두 번 읽고 싶지 않은 책은 잘못 선택한 것이다. 책은 너덜너덜해질 때까지 반복해서 읽어라."

누구나 이런 부담감 속에서 살아간다. 타인이나 자기 자신과 오래 전에 맺은, 그러나 아직 지키지 못한 약속, 지켜야 할 의리, 인간으로서의 도리, 안쓰러운 동정심……. 그런데 오래도록 지키지 못한 약속이라면 당신의 현재 자리와 위치가 바뀌기 전에는 앞으로도 가망이 없다. 의리든 도리든 동정심이든 마찬가지다. 못할 만하니까 못하는 경우가 대부분이다. 이런 심적 갈등은 집중력을 흐트러뜨리고 당연히 시간을 빼앗을 수밖에 없다. 자본주의 사회에서 가장 큰 가치가 신용이라면 약속 중의 약속은 대출 상환 기일이 아닐까. 아마도 감당 못할 빚을 진 사람은 대개 사회생활도 원만하지 못할 것이다. 어차피 당장 갚지도 못할 돈을 채권자의 으름장에 밀려 "내일, 다음 주, 다음 달까지 갚겠다"는 식으로 약속해 놓고는 전전긍긍하기 때문이다. 도무지 제정신으로는 일을 할 수도 놀 수도 쉴 수도 없다.

신용카드 회사 채권관리팀 K씨는 카드 빚을 지고 있는 사람 중에 가장 현명한 사람은 "당장은 못 갚겠다. 규정대로 하라"고 말하는 사람이라고 한다. 직장생활도 마찬가지다. 하지도 못할 일, 하지 말아야 될 일, 해야 할 필요가 없는 일을 권위나 의리나 동정심에 떠밀려 "언제까지 하겠다"고 약속하면 그때부터 후회와 갈등이 시작된다. 어리석은 시간 낭비다. 못하겠다고 말하라. 일하는 시간에는 물론 놀이와 휴식에 집중하는 데 방해가 되는 훼방꾼은 제거해야 한다.

당신의 주말과 여가를 쓸데없는 걱정과 일로부터 철저하게 보호하라. 해야 할 일은 당장 하되, 불가능한 일은 과감하게 미루거나 아예 하지 말라.

눈치 없는 사람이 되자

아르헨티나 소설가 보르헤스는 "(지혜로운) 노인이 된다는 것은 더 이상 새로운 일에 놀라지 않게 된다는 것이다"라고 말했다. "태양 아래 새로운 것은 없다"라는 솔로몬의 말과도 일맥상통하는 이야기다. 경지에 오른 축구선수는 게임의 흐름을 알기 때문에 쓸데없이 분주하게 움직이지 않는다. 마찬가지로 삶의 지혜란 수많은 개별적인 지식들의 총체가 아니라 흐름과 관계, 그리고 그것을 관통하는 보편성에 대한 깨달음이다. 그래서 지혜로운 사람은 새로운 일에 맞닥뜨려도 마치 미리 알고 있었다는 듯 놀라거나 호들갑을 떨지 않는다. 그런데 우리는 정보 또는 학벌을 중시하는 사회 분위기 때문인지 '앎'에 강박관념을 가지고 있다. 이런 강박관념은 때로는 우리의 정서적 에너지를 고갈시키는데, 그 중에서도 남을 의식하는 것, 즉 남의 속내를 알아내기 위해 눈치를 보는 것은 가장 커다란 에너지 소모일 것이다.

1960년 로마 올림픽 마라톤 금메달을 차지한 에티오피아의 아베베는 경기 도중 다른 선수가 자신을 추월해도 늘 일정한 속도로 달리는 새로운 개념의 주법으로 세계 신기록을 3분이나 앞당겼다. 그는 4년 뒤 도쿄 올림픽에서도 금메달을 목에 걸어 마라톤을 2연패한 전무후무한 마라토너가 되었다.

마라톤 경기에는 페이스메이커라 하여 같은 편 선수의 속도를 조절하거나 아니면 고의로 무리하게 달림으로써 상대방 선수의 기운을 빼버리는 역할을 맡은 선수가 있다. 이러한 페이스메이커의 악의적인 '오버'에 흥분하여 장단을 맞추는 마라토너는 결국 후반부에 탈진하여 뒤처지게 마련이다.

자신보다 잘 나가는 동료, 자신을 추월한 후배, 카리스마가 번쩍이는 상사 등의 타인을 의식하는 심리가 때로는 동기부여도 되고 승부욕을 불러일으켜 삶의 활력이 되기도 하지만 정도가 지나치면 정서가 고갈되고 체력마저 바닥나기 십상이다. 이렇게 자신의 페이스를 잃는 사람은 놀 수도 없고 놀지도 못하여 실패한 인생의 주인공이 되거나 불행해지기 쉽다. 인생은 단거리 경주가 아니다. 남을 의식하지 않고 자기 페이스를 지켰던 아베베처럼 쉴 때와 일할 때를 구분해 가며 늘 꾸준하게 달리는 사람이 최후의 승자가 되며 성공한 인생을 만들어 나갈 수 있는 것이다.

'아는 것이 힘'이지만 때로는 '아는 게 병'일 수도 있다. 그것이 정보든 지식이든 사람이든 간에 '앎'은 '힘'을 실어주기도 하지만 '걱정'을 보태주기도 한다. 일하는 시간에는 물론 주말과 여가에도 집중하지 못할 정도로 정신이 혼란스러운 까닭은 주로 무언가를 '알고 있기' 때문이지 무엇을 모르기 때문이 아니다. 휴일도 없이, 실속도 없이 바쁜 사람은 대개 사람을 너무 많이 '알고 있기' 때문이다. 또한 잡다한 지식을 너무 많이 '알고 있는' 사람은 남들의 질문에 시달리거나 자신이 여기저기 참견하느라 늘 바쁠 수밖에 없다.

어떤 종류의 앎은 인간관계에 치명적인 독소로 작용하는데 그 중에서도 가장 파괴적인 앎이 바로 남의 속마음을 '알고 있는' 것이다. 속이 훤히 들여다보이는 사람과 좋은 관계를 유지하기란 거의 불가능하지 않은가. 뛰어난 미인이 길거리에서 자신을 바라보는 뭇 남성들의 속뜻을 알게 되면 아마도 거리를 활보하기 어려울 것이다.

마주보며 나누는 대화는 소리와 표정, 손짓발짓이 어우러진 종합 멀티미디어 커뮤니케이션이다. 그런데 전화는 오로지 소리(의 변화)만 전달될 뿐이며, "장님 코끼리 다리 만지기"라는 속담처럼 통화하는 사람의 의도를 파악하는 데는 어느 정도의 상상력이 개입된다. 그래서 마주앉아 이야기하는 사람들보다 전화로 통화하는 사람들은 더 자주 싸우게 마련이다.

이처럼 부분을 가지고 전체를 파악하는 상상력의 최첨단에 '눈치' 가 있다. 눈치는 사람의 상상력이 극단적으로 발휘되는 고차원적인 커뮤니케이션 수단이다. 상대방의 표정이나 말투, 눈빛 등의 미세한 변화를 감지하여 적절히 대응하는 눈치는 처음부터 타고나기도 하지만 대개 근육의 힘처럼 훈련을 통해 체득하는 능력이다. 어렸을 때 눈치 보고 자란 사람이 커서도 눈치가 빠른 것은 바로 그런 이유에서이다. 내가 알고 있는 '눈치 빠른 사람' 들은 거의 엄한 부모 밑에서 자랐거나, 친척집에서 어린 시절을 보냈다는 공통점이 있다. 그리고 '피곤하게 산다' 는 공통점이 있다.

만일 〈왓 위민 원트(What Women Want)〉라는 영화에 등장하는 멜 깁슨처럼 우리가 다른 사람의 속마음을 유리알처럼 들여다볼 수 있다면 어떻게 될까. 바로 그곳은 지옥일 것이다. 가정은 박살나고, 사회는 뿔뿔이 흩어진다. 물을 가둬두려면 그릇이 필요하듯 자유로운 인간을 가정이나 사회라는 테두리 안에 잡아두려면 폭력은 불가피하다. 가정과 사회라는 건축물을 유지하는 힘은 마치 양의 탈을 쓴 늑대처럼 거짓말과 위선으로 변장한 폭력이다. 아버지가 아들에게, 남성이 여성에게, 부자가 가난뱅이에게, 권력이 민중에게 이런 폭력은 거의 무의식적으로 자행되며 그 자체로는 선도 악도 아니다.

장기수로 30년을 복역한 뒤 가석방된 사람이 사회에 적응하지 못하고 1년 만에 자살하며 이런 유서를 남겼다고 한다.

"나는 감옥으로 돌아가고 싶다. 여기처럼 두렵지도 않고 나의 상식이 통하는 그곳으로……."

우리는 흔히 감옥을 폭력적인 장소라고 생각한다. 그러나 장기수의 유서는 사회에서의 폭력과 감옥에서의 폭력, 이 두 가지 폭력의 진짜 얼굴을 살짝 보여준다. 사회와 감옥, 둘 중 어느 곳이 더 폭력적인지는 아무도 모른다. 죄수는 감옥의 폭력에 길들여졌고 사회의 폭력에 길들여진 우리는 그 폭력의 강도를 감지하기 어렵다.

그런데 눈치 빠른 사람은 남의 속마음, 즉 거짓말과 위선에 속지 않고 그 뒤에 숨어 있는 폭력을 직시한다. 안쓰러울 정도로 피곤한 인생이 아닌가? IT 회사에서 재무 담당 과장으로 일하는 양인수 씨가 바로 그런 경우다. 말투와 표정과 눈빛을 보고 상사의 심기를 거의 틀림없이 헤아리는 양씨의 일과는 상사의 컨디션에 따라 좌우되는 때가 많다. 자기 시간을 자신의 계획에 따라 주도적으로 사용하지 못하고 수시로 '상사의 기분'이라는 폭력에 휘둘리는 양씨의 일상은 몹시 피곤하다. 더군다나 1백 번 잘하다가도 한 번 지레짐작이 틀려 엉뚱한 일을 하기도 하고 심지어 큰 낭패를 본 적도 있다고 하니 얼마나 애처로운가.

비단 양씨뿐만 아니라 사람은 누구나 끊임없이 타인을 의식한다. 거리에서 스쳐 지나가는 사람은 가볍고 짧게 의식하고, 자신과 이해관계가 얽히고 감정 교류가 활발한 사람은 무겁고 지속적으로 의식한다. 한여름 출근 시간의 지하철 안에서의 풍경처럼 사람은 존재 그 자체가 서로에게 폭력인 경우도 많다. 이런 감정 교류도 일종의 에너지 소모다. 너무 사랑하고 너무 미워하고 너무 두려워하면 몸도 마음도 지친다. 눈치 빠른 사람은 자주 찌푸리지만 눈치 없는 사람은 자주 웃는다. 누군가가 자신을 욕하는지 알 수 없기에 마냥 좋기만 한 것이다.

결정적으로 눈치 없는 사람은 자기 시간을 주도적으로 사용한다. "남들이 어떻게 생각할까?"를 몰라서 잘못되는 일은 그리 많지 않다. 괜히 알게 되었다가 미워하고 싸우는 일이 더 많다. 상상력은 창조의 원동력이지만 인간관계에 있어서만큼은 매우 소모적인 힘이다. 속아주는 것도 미덕이다. 그리고 인간의 적응력은 놀라울 정도여서 눈치 없이 사는 사람은 눈치 없는 사람의 눈치에 맞추어 대하게 마련이다.

눈치 없는 인생은 편하다. 우리는 너무 눈치가 빠르다. 좀더 '모르쇠'와 '눈치 없이' 살아가자. 눈치로 인한 피로를 줄여라. 그리하면 주말과 휴가, 그리고 당신의 삶이 풍요로워진다.

약속을 반으로 줄이자

얼마 전 미국의 어느 가구회사가 흔들의자·침대·맥주 냉장고·TV 리모컨·전화를 결합시킨 의자를 내놓아 재미를 보았다고 한다. 일명 느림보게으름뱅이 의자. 느림보게으름뱅이는 거의 모든 생활이 그 의자에서 가능하다. 그런데 느리게 산다는 것, 게으르게 산다는 것이 바로 이렇게 생활한다는 것인가? 물론 아니다. "느리게 살라"는 말은 실속 없이 바쁜 사람, 한 번뿐인 인생을 부질없이 소모하는 사람에게 들려주고 싶은 이야기다.

바야흐로 세상이 변해 가는 속도에 탄력이 붙었다. 경제 전쟁은 속도전이다. 옛날에는 '더 많이'였지만 이제는 '더 빨리'를 요구하는 시대가 되었다. 1990년대 요구르트 광고에 나왔던 불가리아 장수촌 노인들은 어떻게 되었을까? 오늘 그곳에는 더 이상 장

수 노인은 없다. 사회주의 체제가 무너지고 자본주의 시장원리가 도입되면서부터 오래 사는 사람이 사라졌다는 것이다. 물론 불가리아 농촌도 속도의 흐름 속으로 편입되었기 때문이다. 그리고 사회주의 시절에는 경쟁할 필요가 없었던 그들의 인간관계가 경쟁체제로 인해 변했기 때문이다.

손발이 빠르게 움직이면 육체가 지친다. 정신이 빠르게 움직이면 인생이 지친다. "육체 노동자의 성생활이 정신 노동자보다 2배 이상 활발하다"는 보고처럼 정신의 피로는 결국 육체를 병들게 한다. 매일 몸에 좋다는 요구르트를 마시고 맑은 공기와 물의 혜택 속에 살던 불가리아 장수촌 노인의 생명력도 무시무시한 속도 앞에서 굴복한 것이다.

휴일과 여가를 찾지 못할 정도로 직장인이나 사업가가 빠르게 움직이는 까닭은 주로 "언제까지 마치거나 처리해야 한다"는 약속에 쫓기는 탓이다. 그리고 그 약속은 대개 타인과의 약속이다. 반대로 "언제까지 마치거나 처리해야 한다"는 약속을 자기 자신과 맺은 사람은 굳이 빠르게 움직일 필요가 없다. 이런 사람은 일의 우선순위를 정하고 적절한 시한을 정하여 자기 시간을 계획적으로 사용할 수 있기 때문이다. 타인과의 약속을 지키는 일은 살아가면서 피치 못할 일이지만 어쨌든 대체로 고통스럽다. 그 약속은 나의 사정이나 능력이나 체력을 고려하지 않은 채 "언제까지 해야 한다"는 명령에 가깝기 때문이다.

전자회사를 다니다가 퇴사한 뒤 식당을 운영하는 이현진 씨는 언젠가 내게 직원들을 대상으로 강연을 해달라는 부탁을 해 오면서 알게 된 사람이다. 나는 사내 교육 담당자였던 이씨를 생각할 때마다 떠오르는 것이 있는데 바로 "바쁘다"는 하소연이다. 회사 직원들의 교육 실무를 혼자 맡고 있었기에 그는 언제나 분주하고 바빴다.

그러던 어느 날 이씨로부터 "그만두고 식당을 냈다. 한번 들러 달라"는 전화를 받았다. 새벽 장보기로 하루를 시작하여 밤늦도록 일한다는 이씨는 직장생활을 할 때보다 더 바빠 보였다. 나는 "이렇게 살려고 퇴직했냐?"며 농담 반 진담 반으로 빈정거렸는데 이씨는 정색을 하며 "나는 바쁘지 않다"고 딱 잡아떼는 것이 아닌가. 말인즉슨 "이젠 약속 시간에 쫓겨 속을 태울 일이 없다"는 이야기였다. "손님이 생각만큼 들지 않아 걱정이지만, 느긋하게 기다리고 견디면 되지 않겠어요?"라고 말하는 이씨는 "삶의 여유를 처음 느껴본다"고 몹시 만족해했다.

직장인 이씨와 식당 주인 이씨 사이에는 어떤 차이가 있는가. 식당 주인 이씨는 자신이 언제 어디서 무엇을 해야 하는지 알고 있다. 그러나 교육 과장 이씨에겐 직장 내의 업무·인간관계가 만들어내는 변수가 너무 많다. 오로지 일의 많고 적음이 빠름과 느림을 결정하는 것은 아니다. 문제는 관계다. 그리고 결국 누가 일의 주도권을 쥐는가에 달려 있다.

경력 7년의 요리사 임영택 씨는 '시다' 시절을 회상하며 이렇게 말한다.

"시다 생활은 정말 피곤합니다. 주방장보다 시다의 일이 더 많아서가 아니에요. 이래라저래라 하는 주방장의 지시에 따라 일을 하다 보면 쉬는 날은 하루 종일 잠으로 보내게 됩니다. 그런데 지금은 내가 주방장이 되어 혼자 많은 일을 하게 되었는데도 오히려 덜 피곤합니다."

같은 양의 일을 하더라도 주도적으로 일하는 사람은 훨씬 덜 피곤하고 일도 빨리 마칠 수 있다. 플라스틱 원료 대리점에서 영업사원으로 일하다가 독립하여 대리점을 차린 임상근 씨도 비슷한 이야기를 한다.

"지금은 내가 사장 겸 영업사원인데, 남의 밑에서 영업할 땐 왜 그리 바쁘고 피곤했는지 모르겠어요. 요즘엔 남들 쉴 때 다 쉬어가며 설렁설렁 돌아다니는데도 물량이 그때의 2배는 됩니다."

이것이 바로 일의 주도권을 쥔 사람과 끌려다니는 사람, 그리고 자기 인생의 주인이 된 사람과 그렇지 못한 사람의 차이다. 자기 인생의 주인이 되기 위해, 느리게 살아가기 위해 나는 다음의 3가지 원칙을 세울 것을 권한다.

1. 인생을 저당잡히지 말라.

노예가 자기 인생의 전부를 주인에게 저당잡히듯 사람은 누구나 자기 인생의 일부분을 타인에게 저당잡힌 채 살아간다. 많은 부모들은 자신들의 인생의 상당 부분을 자식에게 저당잡혀 살아가며, 소심하고 눈치 보는 부하는 자기 인생을 상사에게 저당잡혀 살아간다. 복수심에 불타는 사람의 인생은 원수에게 저당잡힌다. 남몰래 누군가를 사랑하는 사람도 마찬가지다. 이러한 근저당 설정을 풀기 위해서는 가장 먼저 주변을 정리해야 한다. 육체적 교류는 물론 사랑, 미움, 원한, 동정, 저주, 두려움 등등의 감정 교류를 끊고 맺고 자르는 일은 쉽지 않다. 하지만 자기 인생의 주인이 되고 싶다면 과감한 결단과 행동이 따라야 한다.

2. 미래를 경계하라.

반드시 '노벨상을 타겠다'는 따위의 목표가 지나치게 높은 사람은 자신의 현재를 자신의 미래에 저당잡히게 된다. 아무나 타면 노벨상이겠는가. 앞서 말했듯이 자신의 한계를 아는 사람만이 진정으로 행복해질 수 있다. 그렇지 못한 사람은 지쳐 쓰러질 때까지 "너는 할 수 있어"라는 미래의 유혹에 속아넘어간다. 세상에는 되는 일보다 안 되는 일이 훨씬 더 많다. 안 되는 것이 정상이다.

3. 약속하지 말라.

약속을 남발하지 말아야 한다. 약속을 남발하는 것은 자기 인생의 일부분을 포기하겠다는 각서를 남발하는 것이나 다름없다. 가장 훌륭한 참모는 보스에게 "No!"라고 말할 수 있는 사람이라고 한다. 예스맨은 보스는 물론 자기 인생마저 망치기 십상이다. "No!"라고 말할 수 있는 사람만이 인생을 자기 자신의 것으로 만들 수 있다. "No!"라고 말할 수 있는 사람만이 성공과 풍요로운 삶을 위해 주말의 여유와 놀이에 집중할 수 있다.

주말에는 딴 짓을 하자

"아무도 없는 곳에서, 아무것도 하지 않고 일주일만 쉬었으면 좋겠다."

며칠 전 고등학교 동창인 친구와 통화하다가 들은 하소연이다. 누구나 상사, 부하, 동료, 서류, 전화, 심지어 가족조차 없는 곳에서 쉬고 싶을 때가 있다. 가끔은 그럴 필요가 있다. 특히 등이 휠 정도로 일에 치인 직장인이라면 더욱 자주 쉬어야 한다. 이런 사람의 머리에는 일 말고는 다른 생각이 들어올 틈이 없기 때문이다. 오래 방치하면 마치 진공관이 안쪽으로 폭발하듯 일 속으로 완전히 함몰되어 버린다.

요즘은 보기 힘들지만 얼마 전까지만 해도 가시철조망은 담벼락에 꽂아둔 깨진 유리병과 더불어 위력적인 방범 도구의 하나였다. 그런데 가시철조망을 발명한 사람은 과학자도 건축업자도 아닌 게으른 양치기다. 모름지기 양치기라면 양떼가 흩어지지 않도록 신경을 곤두세워야 하는 법인데 이 양치기는 양들을 멋대로 풀어놓고 제 몸 편할 궁리만 했다고 한다. "좀더 편하게 양을 몰 수는 없을까?"를 고민하던 양치기의 눈에 가시나무를 피해 돌아가는 양의 모습이 들어왔다. 양치기는 길바닥에 떨어져 있는 철사를 집어들고 무릎을 쳤다. "철사를 구부려 가시나무를 만들자." 게으른 탓에 부모에게 "벼락 맞을 놈"이란 잔소리를 듣고도 남았을 양치기는 가시철조망으로 특허를 내서 그야말로 돈벼락을 맞았다.

그리스 사상가들은 "사람은 아무 할 일이 없을 때 비로소 자신의 잠재력을 깨닫는다"라고 주장한다. 할 일을 하지 않고 빈둥거린 양치기가 가시철조망을 발견해 낸 것도 마찬가지다. 그런데 창의성의 본질이 '현실과 동떨어진 무엇을 생각해 내는 것'이기에 창의적인 사람의 육체와 정신은 현실로부터 멀어지는 경우가 많으며, 이것이 남들의 눈에는 '아무것도 하지 않는 것'처럼 보이게 마련이다.

영화는 1초 동안 정지된 24컷의 필름이 지나가면서 물 흐르듯 자연스런 동작을 만들어 낸다. 그 24컷 중 1컷만 빼낸 뒤 콜라 사진으로 바꿔치면 우리는 눈치챌 방법이 없다. 그런데 이상하게 콜라가 먹고 싶어지고, 극장 매점 아줌마가 행복해한다. 이것이 광고하는 사람들이 가끔 활용하는 '잠재의식광고'의 전형적인 일례다. 무심코 지나가는 콜라 사진처럼, 사람은 하루 종일 보고 듣고 느낀 것들의 대부분을 기억하지 못한다. 잊어버린다는 것이 아니라 아예 기억 속으로 들어오지도 않는다.

연말 파워세일 때문에 아줌마들이 몸부림치는 백화점 통로를 생각해 보라. 1초에 수천 개는 족히 될 단어들이 떼를 지어 청각을 두드리지만 귀에 들어오는 단어는 없다. 그런데 그 소음 속에서도 자기 이름은 귀에 들어온다. 아우성 속에서도 자신의 신체적 약점과 일치하는 욕지거리는 귓전을 때린다. 기억은 이처럼 엄격한 선별 과정을 거쳐 이루어지는 것이다.

기억에는 3가지 단계가 있다. 1단계는 약 0.25초 동안 기억이 가능하고, 2단계는 18초 가량, 3단계는 사람마다 다르지만 처음 기억한 것을 그대로 방치하면 48시간 후에 사라진다. 파워세일의 아우성은 1단계에 0.25초 동안 머물렀다가 덧없이 사라진다. 사라져 가는 소음 중에서 자신의 이해관계가 걸린 단어들은 2단계로 넘어가 18초 가량 더 머문다. 특별한 이유가 없다면, "XX은행 말씀이십니까, 문의하신 번호는……" 하는 전화번호 안내를 듣고 나서, 전화를 끊고, 다시 동전을 넣고, 번호를 누르기 직전까지 대체로 18초가 소요되지 않는다. 그럼에도 114에 꼭 두 번씩 전화하는 사람, 또는 패배를 예상하고 미리 펜을 꺼내는 사람은 자신의 2단계 기억력을 의심해 보아야 한다.

한편 무심코 들은 전화번호를 18초 이상 기억하는 사람은 드물다. 망신당하지 않으려고 몇 번씩 되뇌어도 금방 잊어버리기 일쑤다. 2단계 기억에서 3단계 기억으로 넘어가기란 그만큼 어려운 것이고, 그래서 대학 입학시험 수준의 난이도가 있는 시험에서는 약삭빠른 머리보다 묵직한 엉덩이가 빛을 발할 수밖에 없는 것이다.

정확하게 들어맞지는 않지만 2단계 기억은 컴퓨터의 RAM과, 3단계 기억은 하드디스크와 많은 공통점이 있다. 그렇다면 1단계 기억은 도대체 무엇인가? 시각·청각·촉각 등을 통해 입수한 모든 정보는 찰나의 순간일지언정 기억할 필요가 있다. 1단계 기억에 해당하는 0.25초 동안 엄청난 정보가 머물면서 분류가 이루어지는데, 이렇게 스치듯 지나가는 정보들을 잘 분류하여 필요한 것을 놓치지 않는 사람은 "직관이 뛰어나다", "눈썰미가 있다"는 칭찬을 듣게 된다.

현실에 허덕이며 분주한 사람은 현실과 무관한 '생각'과 '정보'의 대부분을 1단계 기억에서 날려버린다. 그런데 그 찰나의 생각과 정보 속에 위대한 발명과 혁명, 시, 소설, 음악의 꼬투리가 있는 것이다. 꼬투리를 놓치지 않으려면? 그 꼬투리를 2단계를 거쳐 3단계 기억으로 이동시키려면 어떻게 해야 하는가? 먼저 시간이 남아돌아야 한다. 문득 떠오른 생각을 놓치지 않을 만큼 사고가 한가로워야 한다. 사고의 울타리를 열어놓아야 새롭고 창의적인 발상이 가능한 것이다. 정신과 육체가 분리된 것이라는 믿음은 버려야 한다. 사고란 스스로 작동하는 자동사가 아니라 대상에 반응하는 타동사와 같다. 창의적인 사고를 하려면 창의적인 환경을 만들어 주어야 한다. 휴식을 취하기 위한 여가라면, 육체의 휴식만큼 정신의 휴식을 염두에 두어야 하는데 정신의 휴식은 바로 '딴 생각'을 하는 것이다.

주말에는 딴 생각을 하라. 당신이 알고 있는 것, 당신이 매달리고 있는 것, 당신을 괴롭히는 것이 전부는 아니다. 세상에는 더 많은 것들이 있다. 놀이를 성공으로 이어주는 고리도 바로 딴 생각이다. 일과 전혀 다른 주말, 주중과 전혀 다른 주말, 평소와 전혀 다른 주말, 엉뚱한 짓을 하는 주말, 딴 짓을 하는 주말이 당신을 성공으로 이끌 것이다.

유능함을 감추고 승진하지 말라

인간은 본능적으로 피라미드 형태의 위계질서를 만든다. 비단 어른뿐만이 아니다. 나의 대학 후배 조대연 씨의 둘째아들은 모 초등학교 3학년 중에서 이른바 '짱'이라고 하는데, 이미 아이가 2학년 때 학년 주먹 서열 1~10위가 정해져 있었다고 한다. 직장인이 바라는 소망 중의 소망 또한 자신이 소속된 피라미드의 꼭대기에 오르는 것이 아닐까?

H주식회사 김승현 씨는 건축자재 영업 담당으로 7년 동안 근무해 왔다. 고등학교 10년 선배인 사장의 배려도 있었지만 워낙 성실하고 정직한 그의 인품 때문에 회사 내에서 신망이 두터웠다. 그런데 건축자재 판매가 갑자기 회사의 주력 사업으로 떠오르면서 그 동안 부하직원 없이 혼자 일하던 김씨가 팀원 4명을

거느린 팀장이 되었다. 그런데 어찌된 일인지 팀장이 되면서부터 김씨는 리듬을 잃고 헤매기 시작했다. 안하던 실수를 자주 저지르는 것까지야 신임 팀장으로서 그럴 수 있다고 하더라도 김씨의 가장 중요한 임무인 관리가 제대로 이루어지지 않은 것이다.

서너 달 뒤, 사장으로부터 "내가 보기엔 팀장이 팀을 이끌어가기는커녕 오히려 방해가 되는 것 같다"는 호통을 듣고, 김씨는 자신의 능력에 대해 깊은 회의에 빠졌다. 가장 큰 원인은 김씨가 한 번도 부하직원과 함께 일해 본 경험이 없다는 데 있었다. 결국 김씨가 내린 결정은 경력사원으로 입사한 팀원 한 사람을 팀장으로 올리는 대신 자신은 영업사원으로 되돌아가는 것이었다. 옛날로 되돌아간 (실은 내려간) 김씨는 리듬을 되찾았다고 한다.

"굼벵이도 기는 재주가 있다"는 말처럼, 사람은 누구나 적어도 한 가지 재주는 가지고 태어난다. 그것은 뒤집어 말하면 모든 사람에게는 한계가 있다는 뜻이기도 하다. 모든 사람들이 피라미드의 꼭대기를 향해 올라가지만 자리가 높아질수록 일과 인간관계의 복잡성이 증가하고, 결국은 자신의 한계가 드러나게 된다. 한계가 명백하게 드러나면, 즉 자신에게 맡겨진 일이 과중하여 그 일에 대한 무능함이 밝혀지면 꼭대기를 향한 등정은 그 자리에서 멈추게 된다.

"세상은 무능한 사람들이 지배하고 있다"는 뜻의 '피터의 원리'를 주창한 전 콜롬비아 대학 로렌스 피터는 "자신의 무능함이 드러나는 자리에 오르기 전에 승진을 멈춰라"라고 충고한다. 그는 또 "대부분의 조직에서는 그 구성원들이 자신의 무능함이 드러나는 자리까지 꾸역꾸역 밀고 올라가기 때문에 결국 조직의 상층부는 무능한 인물들로 채워지게 마련이다"라고 말한다. 이것이 바로 '피터의 원리'로, 일은 아직 무능해지는 높이까지 올라가지 않은 나머지 조직원들이 완수한다는 것이다.

대부분의 회사에는 자기 자리를 보존하기 위해 부하에게 불필요한 일을 시키거나 자기 과시용 보고서를 작성하게 만드는 등 조직에 도움은커녕 오히려 방해만 되는 상사가 있게 마련이다. 차라리 사라지면 더 좋을 사람이지만 그런 상사라고 해서 처음부터 무능했던 것은 아니다. 능력을 인정받았기 때문에 그 자리에 오른 것 아닌가? 차라리 진급하지 않았다면 자기 능력을 발휘하며 행복하게 살아갈 수 있겠지만 이미 진급해 버린 이상, 이제는 자신의 무능을 감추기 위해 전전긍긍, 좌불안석, 노심초사하며 자기 자신은 물론 다른 사람의 삶을 피곤하게 만드는 것이다.

'짱' 아들을 둔 조대연 씨는 화학회사에서 과장으로 일하고 있다. 그는 신입사원 때 미국이나 유럽 회사를 방문하면 자신과 같은 위치의 실무자의 나이가 자신보다 무려 10~20세 이상 많다는 사실에 매우 놀랐다고 한다.

"물론 다들 멀쩡한 대학을 나온 엔지니어가 대부분인데, 친분이 좀 쌓인 뒤에 그 이유를 물어보면 대답은 한결같이 행복하게 살기 위해 진급을 거절했다"는 이야기다. 돈이나 명예를 거머쥘 수 있다 해도 골치 아픈 '관리'에 시간과 에너지를 빼앗기기보다는 자기 자신과 가족에게 좀더 많은 시간과 노력을 기울이겠다는 뜻이다. 그는 또 이렇게 이야기했다.

"텍사스에 출장 갔을 때, 어니 오스틴이라는 45세 된 평사원의 집에 초대를 받은 적이 있었어요. 그의 집엔 놀이에 관한 한, 그 야말로 없는 것이 없었죠. 바다든 땅이든 하늘이든 어디에서나 즐길 수 있는 놀이 도구가 가득했죠. 그날 나는 오스틴 씨가 조종하는 경비행기를 탔는데 까마득한 공중에서 텍사스의 광활한 대지를 내려다보면서, 좀 흥분해서 그랬겠지만, '새처럼 날아다니는 남자에게 그깟 자리며 지위가 무슨 의미가 있겠는가'를 생각하게 되었습니다."

어니 오스틴 씨의 팀장은 31세의 젊은이라고 했다. 비행을 마치고 돌아와 정원에서 파티를 벌이고 있을 때 조씨가 "토요일인데, 팀장도 초대하지 그랬어요?"라고 물었더니 오스틴 씨는 "사장이 무척 아끼는 그 불쌍한 녀석은 지금 입에서 단내가 나도록 일하고 있을 거야" 하며 껄껄 웃더라는 것이다.

한 단계 한 단계 진급할 때마다 일의 양이 늘어나는 것은 아니다. 하지만 독자들도 알다시피 일과 인간관계의 복잡성이 증가한다. 상사란 부하의 책임, 즉 '책임의 책임'을 지는 자리다. 그래서 당연히 자리가 높아질수록 실수는 더욱더 치명적인 결과를 낳는다. 한마디로 골치 아프다. 그럼에도 진급을 꿈꾸는 까닭은 주로 다른 사람 위에 군림하고 싶어하는 본능 때문이다. 물론 그 본능은 사람이라면 피치 못할 사회생활에서 비롯된 것이다. "나는 그 친구보다 잘생겼고, 저 동료보다 진급이 늦고 또 내 또래들보다 못산다"는 식으로 자신의 정체성을 타인과 비교함으로써 판단하기 때문이다.

이런 비교 체계 안에서 사람의 욕심이란 끝이 없다. 스스로 패배를 인정하고 좌절할 때까지, 즉 쓰러질 때까지 달려가게 마련이다. 그리고 이런 종류의 대결에서 승자는 언제나 소수고, 나머지 다수는 분하고 억울하고 창피하고, 학자들이 흔히 말하는 '상대적 박탈감'을 느끼게 된다. 진급을 거절하는 것, 즉 '올라가지 않는다는 것'의 의미는 이런 비교 체계에서 얼마간 발을 뺀다는 뜻이다.

실로 비교 체계를 벗어난 곳에 진정한 행복이 있다. 남과 비교하여 만족하는 것이 아니라, 자기 만족이 있는 곳이 바로 천국이요 유토피아가 아니겠는가? 물론 미국이 아닌 우리나라의 현실에서 진급을 굳이 거절하는 것은 '일하기 싫다는 뜻' 또는 '반항하는 행동'으로 비춰질 수 있다. 그러므로 우리는 우리 현실에 맞게 "능력 이상으로, 숨이 턱에 차도록 위로 올라가려고 굳이 애쓰지 않는다"는 선에서 타협점이나 절충안을 찾으면 되지 않

을까? 그렇게 함으로써 남아도는 에너지와 시간과 생각의 여유
는 어디에 쓰면 좋을까? 자기 만족이란 것에 대해 곰곰이 생각해
보라. 그러면 당신의 삶, 당신의 주말은 유토피아에 한 걸음 더
가까워질 것이다.

1. 게으름은 '또 다른 기회'를 제공한다.

주말에는 일에 대한 걱정과 욕심으로부터 벗어나야 한다. 새로운 사람을 만나면 새로운 아이디어를 얻을 수 있다.

2. 불가능해 보이는 일은 미루거나 아예 하지 않는 것이 좋다.

사람과 사람 사이의 갈등은 해결하기보다는 못 본 척, 모르는 척, 그냥 내버려두는 편이 좋은 경우가 많다.

3. 눈치 빠른 사람보다 눈치 없는 사람이 행복하다.

눈치 빠른 사람은 타인을 의식하므로 자기 삶을 주체적으로 살 수 없다. 때로는 차라리 눈치 없는 사람으로 살아라.

4. '느리게 사는 사람'이 삶을 주도적으로 이끌어나간다.

생각할 여유를 가지고 '느리게 사는' 사람은 일의 우선순위를 정하고 적절한 시한을 정하여 자기 삶을 계획적으로 살 수 있다.

5. '아무것도 하지 않을 때' 창의적인 발상이 나온다.

창의적인 사고는 창의적인 환경, 즉 정신의 휴식에서 나온다. 정신의 휴식이란 바로 '딴 생각'을 하는 것이다.

6. 유토피아는 피라미드의 꼭대기에 있는 것이 아니다.

정상에 오르기 위해 돈과 명예를 얻는 데에만 몰두한다면 자기 자신과 가족의 행복을 잃을 수 있다.

거꾸로 사는
주말의 행복

_ 우리는 반쪽 인생을 살고 있다

_ 새로운 나를 위한 '엑스 크로스'

_ 생활을 바꾸면 성격이 달라진다

_ 스타일을 바꾸면 생각이 젊어진다

_ 잃어버린 반쪽을 찾아라

우리는 반쪽 인생을 살고 있다

한국과학기술원 산하 연구소에서 일하는 고등학교 동창 홍모 박사는 주말이면 평소와 완전히 다른 사람으로 돌변한다. 일 년에 한두 번 동창회에서 만나 술자리를 갖는 홍 박사는 토요일마다 고등학교 동창이 사장으로 있는 건축회사 현장에서 목수 일을 하고 있다. 옛 건물을 보수·복원하거나 전통 건축물 시공을 전문으로 하는 그 회사 현장에서 목공을 배워 일한 지 3년 만에, 이른바 소극적이고 고지식한 '범생이'의 전형이었던 홍 박사의 성격이 거의 정반대로 바뀌었다. 검게 그을린 얼굴 하며 걸쭉한 육담이 누가 봐도 영락없는 육체 노동자다.

잔병치레가 많고 체력이 약한 홍 박사는 친구인 그 회사 사장에게서 "육체 노동을 하면 건강은 물론 스테미너도 좋아진다"는 진담 반 농담 반인 말을 듣고는 주저없이 그 일에 매달렸다고 한다. 처음에는 토요일 하루 일하고 드러누우면 월요일에 결근하는 경우도 있었지만 3개월쯤 고생한 뒤로는 일요일 아침에도 거뜬히 일어나게 되었다. 체력적으로 적응이 된 까닭도 있지만, 고참 목수가 "일하고 나면, 한여름에도 잠잘 때는 뜨거운 방에서 이불을 뒤집어 쓰라"는 비법을 전수해 준 덕분이다.

"몸이 튼튼해지니까 나보다 마누라가 더 좋아한다"고 너스레를 떠는 홍 박사는 대담하고 걸쭉한 입담 덕분인지, 아니면 자기 말대로 '요즘 머리가 톡톡 튀는 느낌' 때문인지, 연구소에서 외부 프로젝트를 가장 많이 따내는 팀장이 되었다. 그야말로 사람이 완전히 달라졌다.

요즘 신문이나 책을 뒤적이다 보면 '역발상'이라는 단어가 종종 등장한다. 여기에는 대세를 거스르는 전략과 아이디어로 성공했다거나 '거꾸로 생각하기'를 통해 신선한 아이디어를 끌어냈다는 등의 찬사가 이어진다. 하지만 역발상이 무조건 좋은 것이며 전적으로 성공으로 이어진다는 믿음은 큰 착각이다. 물론 성공했을 때는 잭팟이 터지겠지만, 비즈니스의 세계에서 상식을 뒤집는 '거꾸로 생각하기'는 일종의 배팅이고 위험천만한 모험이기 때문이다. 성공적인 역발상이란 벼락치듯 어디에서 떨어지는 것이 아니다. 누구나 믿어 마지않는 상식에 대해 의문을 갖는 습관을 가져야 하며 고정관념의 오류를 간파하는 통찰력이 따라야 한다.

그런데 머리 좋은 사람은 깊이 생각에 잠기기만 하면 역발상의 신선한 아이디어가 줄줄 쏟아져 나오는 걸까? 그랬으면 얼마나 좋겠냐마는 모든 인간은 '그렇게 생각하는 경향'을 공통적으로 가지고 있으며 그 경향을 거스르기란 무척 어렵다. 남미의 오지 언어는 물론 고대 이집트 언어를 현대인이 해독할 수 있다는 것이 그 증거의 하나다. 만일 모든 사람이 공통적으로 '그렇게 생각하는 경향'을 가지고 있지 않다면 일반성, 보편성, 상식 등은 있을 수 없다. 그리고 아마도 지금보다 100배는 더 두꺼운 법전을 만들어야 할 것이다.

결론부터 말하자면, 발상도 하나의 습관이며 따라서 발상은 실천에서 비롯된다. 즉, 역발상은 '거꾸로 행동하는 습관'에서 비롯된다. 발명가나 예술가 등의 창작가들 중에 괴짜가 많은 까닭을 생각해 보라. 다시 강조하지만 역발상은 하나의 습관이다.

그렇다면 역발상의 문제를 우리들의 삶에 적용시켜 보자. 어떻게 사는 것이 거꾸로 사는 것인가? 난생 처음 겪는, 생전 듣지도 보지도 못한 그런 삶인가? 그렇지 않다. 나는 "태양 아래 새로운 것은 없다"라는 솔로몬의 말을 무척 좋아한다. 지금까지 다국적 제약사에서 개발한 신약이란 것은 대개 남미 오지에 사는 원주민들이 수백 년 동안 사용해 온 약초에서 추출한 것이다. 마치 콜럼버스가 아메리카를 처음 발견한 사람인양 거들먹거리는 서양인들의 어리석음처럼, 나에게는 '거꾸로'인 삶이 어떤 사람에게는 평범한 일상인 것이다.

세상은 누구에게나 열려 있지만 사람은 대개 반쪽 인생을 살고 있다. 가부장적이거나 남성 우월주의 사회에서는 남자로서의 삶은 인간으로서의 삶의 절반이다. 여성으로서의 삶도 마찬가지다. 정신 노동자로서의 삶과 육체 노동자로서의 삶이 그렇고, 적극적인 성격을 가진 사람의 삶과 소극적인 성격을 가진 사람의 삶이 또 그렇다. 미국인의 삶과 아프리카인의 삶, 도회지의 일상과 농촌의 일상은 결코 일치할 수 없다.

직장인이 실천할 수 있는 '거꾸로 살기'의 첫걸음은 나와 정반대의 캐릭터를 가진 살아 있는 모델을 찾는 것이다. 찾은 다음에는 '어울리기' 또는 '따라하기'의 행동이 뒤따라야 한다.

거꾸로 살기의 한 예로, 매일 일기를 쓰는 대신 거꾸로 유언장을 남기는 사람이 있다. 경기도 남양주군에서 애견 사업을 하는 곽인철 씨는 매일 유언장을 쓰기 시작하면서 "오늘이 마지막일 수도 있다는 심정으로 사니까, 하루하루가 더 소중하게 느껴지고 가족과 이웃에게 좀더 너그러워진다"고 한다. 여름휴가 때 남들처럼 바다가 아닌 마포 구립 도서관에 가족 캠프를 치는 공무원 이문순 씨는 "평소엔 시간이 없다. 도서관 근처 서교 호텔에 묵으며 일 년 읽을 책을 휴가 때 모조리 읽는다"고 한다. 남들처럼 살 궁리를 하지 않고 거꾸로 죽을 궁리를 하는 시계 영업사원 이

경용 씨는 주말이면 가끔 가족과 함께 자기 묏자리를 찾아다니는 괴짜다. "엄마 아빠는 언젠가 죽는다. 공부는 그때 너희들 힘으로 살아가기 위해 하는 것이다"라고 노래를 불러도 듣는 둥 마는 둥하던 아이들이 "아빠는 여기에 묻히고 싶다"는 말 한마디에 숙연해지더라고 한다.

이렇듯 거꾸로 살기는 일종의 충격요법이다. 그 충격에 깨지는 것은 바로 낡은 고정관념이다. 고정관념이 깨지면 아플까? 시원하기만 할 뿐 하나도 아프지 않다. 앞서 소개한 목수 홍 박사는 아내로부터 엄중한 경고를 받았기 때문에 즉시 거꾸로 살기에 돌입할 수 있었다. 다른 사람이라면 운동이나 보약을 택했을 수도 있겠지만 고지식한 홍 박사는 친구의 말을 곧이곧대로 믿었고, 그의 고지식한 성격이 도움이 된 경우다. 그러나 대부분의 사람은 이미 약을 만큼 약아져서 오히려 자신의 문제를 직시하지 못한다. 이런 사람은 "내 병은 내가 안다"는 식으로 고집을 부리다가 시기를 놓치는 어리석음을 범하게 된다.

다시 말하지만 우리는 대부분 반쪽 인생을 살고 있다. 주말에 거꾸로 살기는 그 나머지 반쪽의 삶을 회복하는 것이다. 그 반쪽의 삶 속에 그 동안 미처 몰랐던 잠재력과 새로운 가능성과 혁명적인 발상과 신선한 아이디어가 숨어 있다. 그것이 당신을 예기치 못한 성공으로 이끌어 줄 것이다.

새로운 나를 위한 '엑스 크로스'

성공적인 '주말 거꾸로 살기'를 위해서는 우선 자신의 삶을 규정할 필요가 있다. 내가 어떤 삶을 살고 있으며, 어떤 일에 얼마만큼의 에너지를 소모하는지, 또 어떤 관계에 집중하는지를 먼저 알아야 한다. 직장인으로서의 삶은 다음 그림과 같이 4가지 요소로 분해할 수 있다.

인간의 삶은 관계의 측면으로 볼 때 자아관계와 대인관계가 서로 대치되고, 움직임의 측면에서 볼 때 육체활동과 정신활동으로 나눌 수 있다. 대부분의 직장인은 정신활동과 대인관계에 치우친 삶을 살아가고 있다. "하루 종일 운전하며 돌아다니는 영업사원은 어떤가?"라고 물을 수 있겠지만, 영업의 성공은 노-웨어 (know where)와 설득에 있지 발바닥이 닳도록 돌아다닌 거리에

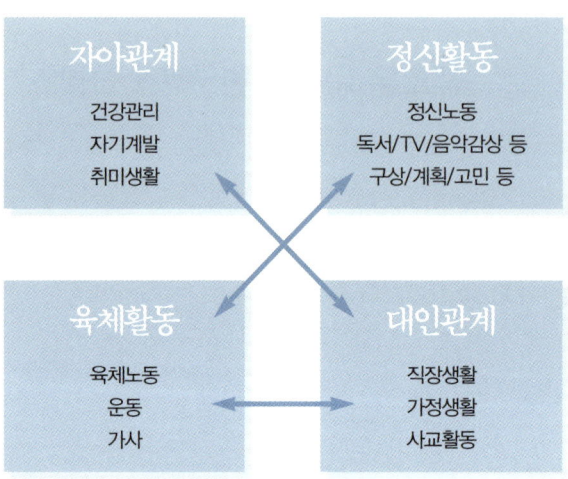

〈주말 혁명을 위한 엑스 크로스〉

정비례하지는 않는다. 또한 운전은 일부 근육의 힘을 필요로 하지만 서기·걷기·뛰기의 정반대 개념으로 해석해야 한다. 운전은 정신활동에 속하며 운전자는 자동차의 핵심 부품으로서 중앙처리장치(CPU)에 해당한다.

자신이 일주일 동안 사용한 시간을 4개의 요소에 대입하여 합산해 보라. 아마도 오른쪽 두 요소가 왼쪽보다 압도적으로 많을 것이다. 그리고 이것은 오늘을 사는 비즈니스맨들의 일반적인 모습이다. '생각이 많고 관계가 복잡한 삶'이 보편적인 현대인의 삶이기 때문이다.

대기업에서 근무하다가 최근 퇴직한 이우조 씨는 "이내화 씨 얘기를 듣고 곰곰이 생각해 보니, 회사에서 일해 온 20년 동안 하루 8시간의 수면을 제외한 16시간 중 왼쪽, 즉 자아관계와 육체활동에 사용한 시간이 30분도 되지 않았다"는 고백을 했다. 가족을 위해 봉사해 온 주말도 크게 다르지 않았다. 그 결과는 자아와 건강의 상실로 나타났다. 가장으로서, 그리고 회사 부장으로서 공적인 삶만 살아온 이씨는 정리해고되자마자 정신적 공황 상태에 빠져들었다. "대체 앞으로 뭘 해야 할지 가닥이 잡히지 않는다"고 불안해하는 이씨는 아내의 강요에 못 이겨 우울증 치료를 받고 있다.

마치 특정 전자제품에만 딱 들어맞게 설계된 부품이 떨어져 나왔을 때 아무 짝에도 쓸모없는 것과 같은 이치가 아닌가. 특정한 용도에 꼭 맞게 발전하여 특정 조직의 내부에서는 가장 최적의 상태로 작동하지만, 밖으로 한 발짝만 떨어져 나오면 범용성이 떨어져 어디에도 쓸모가 없어지는 셈이다.

40대 중반의 이씨는 병원에서 측정한 육체 나이가 50대 후반으로 나올 만큼 건강도 엉망이 되었다. 자신의 육체·정신 에너지를 정신활동과 대인관계에 '올인' 해 버린 직장인이 갑자기 퇴직하면 이런 공황 상태에 빠지게 마련이다. 살벌한 사회로부터 어느 정도는 동떨어져 있다고 할 수 있는 군인이나 교사들이 퇴직 이후에 사기꾼에게 퇴직금을 날리거나 사업에 실패하기 다반

사인 까닭도 이씨의 경우와 크게 다르지 않다.

요즘처럼 노동시장이 불안정한 사회에서 살아남으려면 전문성만큼이나 보편적인 경쟁력을 길러야 한다. 극단적으로 말해 사막에 떨어뜨려도 살아남을 수 있을 만큼 자아를 강화시켜야 한다는 뜻이다.

자아와 체력을 강화시켜라. 전문가 수준에 이를 만큼의 취미를 하나 이상 가져라. 아니면 현재 업무와 다른 분야를 선택하여 전문지식을 쌓는 데 시간을 투자하라. 주중에는 적어도 2시간, 주말에는 절반 이상을 자아관계와 육체활동에 할애해야 한다.

가족은 물론 소중하지만 그렇다고 한없이 가까울 수만은 없는, 결국은 내가 아닌 타인이다. 자기 자신을 위해 더 많은 시간을 할애하라. 그것이 궁극적으로 가족을 위하는 일이다. '자아관계↔대인관계', 그리고 '육체활동↔정신활동'의 균형을 바로잡는 '엑스 크로스(X-cross)'가 바로 거꾸로 살기의 핵심이다.

생활을 바꾸면 성격이 달라진다

단기간에 사람의 성격을 바꾸기란 쉽지 않다. 왜냐하면 성격이란 지나온 삶의 퇴적물이거나 그 지층의 형태이기 때문이다. 이를테면 조실부모한 아이가 그 고통을 평생 잊을 수는 없는 일이며 그 경험이 성격에 반영되지 않을 도리가 없는 것이다. 이처럼 성격은 자신의 경험을 반영하기 때문에, 성격을 바꾸어야 한다면 지금까지와는 다른 새로운 경험을 해야 하고, 소극적인 사람이 적극적으로 변화하려면 적극적인 사람들이 보편적으로 겪는 체험을 하는 것이 가장 효과적이다. "성격을 바꾸자"고 아무리 다짐하고 외쳐도 행동에 옮기지 않으면 결코 성격은 바뀌지 않는다.

다음 그림을 보면 소극적·대외적 성격이 왼쪽, 그리고 적극

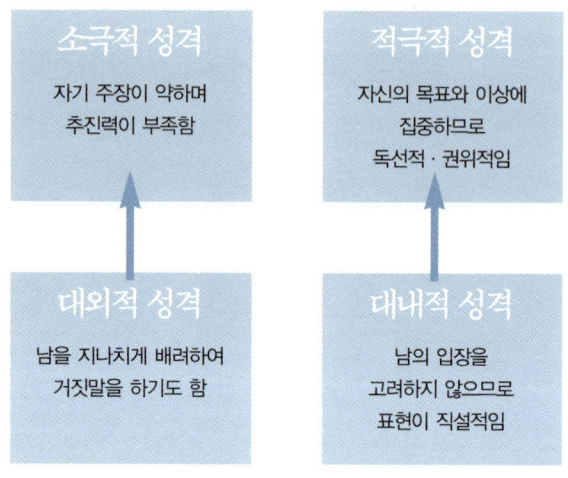

〈성격 유형 4가지와 각 유형간의 연관성〉

적·대내적 성격이 오른쪽에 묶여 있다. 흔히 적극적인 사람이 대외적 성격을 가졌다고 생각하기 쉬운데 사실 정반대다. 적극적인 사람은 대내적인 관계, 즉 자기 자신과의 관계, 이를테면 자신과 맺은 약속, 자기 목표와 이상에 집중하기 때문에 심한 경우 남의 의견을 무시하고 독선적이고 권위적이기 쉽다. 카리스마가 강한 보스 중에 이런 심리를 가진 사람이 많으며 지금까지는 이런 심리를 가진 사람이 성공하는 경우가 많았다.

소극적이고 대외적인 성격은 남을 너무 배려하거나 남의 눈치를 지나치게 살피기 때문에 자기 주장을 시원스레 내놓지 못하고 또 끝까지 밀어붙이지도 못한다. 이런 성격을 가진 사람은 위기를 모면하기 위해, 또는 남을 편안하고 행복하게 만들어 주기 위해 거짓말을 자주 한다. 반대로 대내적 성격의 소유자는 남의 입장을 그다지 고려하지 않으므로 좀처럼 거짓말하지 않으며 직설적이다.

마치 뒤집어진 거울속 이미지처럼 대내적→적극적, 대외적→소극적으로 힘의 방향이 거꾸로 작용한다. 즉, 대내적이며 강한 자아가 적극적인 성격을, 대외적이며 약한 자아는 소극적인 성격을 나타낸다. 그렇다고 적극적·대내적 성격이 소극적·대외적 성격에 비해 무조건 우월하다는 뜻은 아니다. 한쪽으로만 치우친 성격은 있을 수 없으며 서로 반대되는 두 속성끼리 균형을 이루는 것이 중요하다.

그 동안 우리나라를 지배해 온 수직위계질서의 상징인 카리스마와 권위가 도전을 받고 때로는 무너뜨리려는 움직임이 확산되는 까닭은, 변화의 속도가 빨라진 오늘날에는 수직위계질서가 비효율적이라는 사실이 드러났기 때문이다. 그리고 지나치게 강한 자아는 대부분의 인간관계를 망가뜨리기 때문이다.

하지만 회사가 피치 못하게 수직위계질서로 유지되는 한 대부분의 직장인은 나이를 먹으면서 서서히 소극적·대외적 성격으로 치우치게 마련이다. 그 반사작용이 가부장적인 권위주의로 나타나기도 하는데, 밖에서는 쩔쩔 매다가 집에만 돌아오면 큰소리치는 아버지가 바로 그런 경우다. 아내를 구타하는 남편들 중에는 백면서생이나 점잖은 신사가 적지 않은 반면에, 이른바 '어깨'나 권투선수는 좀처럼 여성에게 폭력을 휘두르지 않는다고 한다.

앞에서 자신의 성격을 개조하려면 새로운 경험을 해야 한다고 밝혔듯이, 어느 한쪽으로 지나치게 치우친 성격의 개조 또한 새로운 체험을 거쳐야 가능하다. 방구석에 틀어박혀서 "적극적으로 변하자"고 매일 노래를 불러본들 성격은 바뀌지 않는다. 권위적인 사람은 듣기 좋은 말이나 감동적인 일화로는 설득할 수 없다. 해답은 실천이다. 소극적인 사람은 앞에서 소개한 목수 홍 박사처럼 거친 경험이 필요한 것이다. 경험의 퇴적물이 적은 어린이는 더 쉽다.

독일에서 철학박사 학위를 받고 돌아온 안병선 씨 부부는 5학년과 2학년인 두 자녀를 집에서 멀리 떨어진 사립초등학교에 보내고 있다. 그런데 안씨 자녀들은 학교에서 운행하는 스쿨버스를 마다하고 버스와 전철을 갈아타고 학교에 다닌다. "불안하지 않느냐?"는 나의 질문에 안씨는 "진짜 두려웠던 것은 아이들이 낯설어하는 학교생활이다"라면서 두 아이가 독일에서 돌아와 말도 서툰데다 덩치도 작고 소심해서 매를 맞고 다니기에 마음 독하게 먹고 그렇게 한다고 했다. 동물원과 놀이공원에도 두 아이만 보내는 등 1년쯤 그렇게 지내자 아이들이 조금씩 적극적으로 변해

갔다고 한다. 특히 5학년인 아이 반에는 소위 '학년 짱'이란 녀석이 주먹으로 제법 유세를 하는 모양인데 "그 아이도 우리 애는 건드리지 못한다"고 자랑스러워했다. "열 대를 맞더라도 한 대만 때리라"는 안씨의 주문이 드디어 통하기 시작했기 때문이다.

소극적·대외적인 성격을 가진 사람은 주말을 이용하여 격렬하고 난이도가 높은, 자기 자신은 물론 타인과 치열하게 경쟁함으로써 자부심을 얻을 수 있는 취미활동에 뛰어드는 것이 좋다. X게임 예찬론자인 나는 MTB나 인라인스케이트 또는 스포츠클라이밍을 추천하고 싶다. 배낭 하나 둘러메고 홀로 오지를 헤매보는 것도 좋다. 늦은 나이에 복싱을 배운다고 매만 맞는 것은 아니다. 대외적 성격이 지나치게 강한 사람은 '회사가 원하는 사람'이 되기 위해 노력하다가 자기 자신에게 닥칠지 모를 변화에 대비하지 못하는 경우가 많다. 그러다가 회사가 하사한 밥통이 깨지고 나면 속수무책으로 당하는 것이다.

누가 뭐라 해도 세상의 중심은 '나'다. 그 중심을 회사가, 가족이 차지하고 있으면 당신은 미래와 변화 앞에서 무릎을 꿇게 될 것이다. 나만의 시간을 가져라. 주말에는 거칠고 치열한 모험 속으로 뛰어들어라.

스타일을 바꾸면 생각이 젊어진다

대머리가 아닌 사람은, 마치 남성이 출산의 고통을 헤아릴 수 없듯이 대머리의 번뇌를 결코 이해하지 못한다. 그런데 40대 중반의 웨딩 촬영 전문 사진가 권영오 씨는 지난 10년간의 번뇌를 단 한방에 날려버렸다. 권씨의 선택은 중국산 발모제도 아니고 가발도 아니고 모발 이식술도 아니었다. 그는 위태롭게 매달려 있던 나머지 머리카락을 시원하게 밀어버렸다. 그리고 잠잘 때말고는 언제나 권씨 머리 꼭대기에 앉아 있던 중절모와 그에 어울리는 옷을 모두 정리하고, 젊은이들이 즐겨 입는 캐주얼로 모조리 바꾸어 버렸다.

객관적으로 판단하면 10년, 중절모 스타일과 비교하면 20년은 젊어진 듯했다. 그러나 무엇보다도 가장 큰 변화는 사람을 대하는 태도가 달라졌다는 것이다. 그는 더 당당하고, 더 부드럽고, 더 유쾌한 모습으로 사람을 만나게 되었다. 영화 촬영 감독 정일성 씨의 헤어스타일을 따라한 것이라는 권씨는 이렇게 말했다.

"카메라 앞에서 멋쩍어 하는 신혼부부의 긴장을 풀어주고 분위기를 이끌어나가는 기술이 웨딩 촬영의 핵심입니다. 그런데 머리 밀고 옷 바꿔 입은 뒤부터는 작업이 훨씬 순조롭게 진행돼요."

동네 건달이든 명문대 박사든 예비군복 입혀 놓으면 똑같은 인간이 되듯 사람은 자기 옷차림에 맞춰 행동하게 마련이다. 또한 자신감의 일부가 외모에서 나온다는 사실은 나이를 먹으면서 자꾸 잊어버리거나 체념하게 되는 불변의 진리다. 인라인스케이트 매니아 조성일 씨는 "인라인 전용 슈트를 입으면 창피해서라도 엉성하게 탈 수 없다. 값나가는 스케이트로 바꾸고 제대로 복장을 갖추면 눈에 띄게 실력이 는다"라고 하면서 외형의 중요성을 강조한다.

얼굴과 더불어 옷은 자신을 표현하는 가장 직접적인 도구이다. 그리고 학생에게 교복을 입히거나 군인에게 군복을 입히는 것처럼 일정 형태의 옷은 개인의 특성, 즉 개성을 규제한다. 명품으로 도배한 여성의 의도가 혹 "나 이런 사람이야", 즉 "내가 우리나라 어떤 계층의 일원이다"라고 주장하기 위함이라면 그녀의 명품은 하나의 제복이다. 월급쟁이의 상징인 '정장에 흰 와이셔츠'는 브랜드 차이와 미학적 우열은 있지만 결국 어떤 계층을 상징하는 제복일 뿐이다. 갓 입대한 졸병은 복장도 엉성하게 마련이지만 상병쯤 된 군인에게 가장 잘 어울리는 옷은 바로 군복이다. 이제 더 이상 군에 오기 전에 입던 청바지와 티셔츠는 어울리지 않는다.

옷은 사람을 길들인다. 옷은 감히 일상의 질서를 만들고 심지어 사람에게 이래라저래라 명령한다. 신입사원 때 처음 입은 정장의 어색함을 기억하는가? 그런데 지금은 어떤가? 정장과 흰 와이셔츠가 당신을 그렇게 길들인 것이다. 회사가 규정한 정장의 질서에 길들여지면서 개성은 사라지고, 마치 도토리가 키를 재듯 행동이 비슷비슷한 사람들끼리, 비슷한 생각을 가진 사람들끼리 조금이라도 더 돋보이려고 애쓴다. 게다가 정장의 질서는 주말과 여가에까지 침투함으로써 우리나라 샐러리맨의 주말을 천편일률적으로 만들어 버렸다.

어떤 남자가 길을 가다 넘어졌다. 예쁜 여자가 다가와 "다치지 않았느냐?"고 물으면 머리가 깨졌어도 "괜찮다"고 대답한다. 그런데 못생긴 여자가 다가와 "다치지 않았느냐?"고 물으면 어떻게 대답할까?

외모는 강력한 무기다. 잘생긴 영업사원의 실적이 그렇지 못한 영업사원보다 높다는 미국 조사 자료에 대해 누구도 반박을 못할 정도로 외모는 거의 모든 분야에서 전지전능한 경쟁력으로 작용한다. 그렇지만 다행스럽게도 잘생긴 사람은 그리 많지 않다. 가

수 조영남 씨가 자신의 외모에 대해 '나처럼 못생긴 사람이 많다는 것이 위안이 된다'라고 말할 정도이니까.

가끔 정상급 연예인들의 데뷔 초기 모습을 보면 "저 모습으로 어떻게 연예인이 되었을까" 싶을 정도로 촌스러운 경우가 있다. 그 연예인이 정상에 오르기까지의 과정은 자기만의 스타일을 만들어가는 과정과 일치할 것이다. 다시 말해 자신만의 개성을 찾아가는 과정이다. '원판 불변의 법칙'이라는 우스갯소리도 있지만, 잘생겼든 못생겼든 중요한 것은 자기 개성을 살리고 자기 스타일을 만드는 것이다.

예비군복을 입으면 사람이 게걸스러워지듯, 톡톡 튀는 캐주얼에 익숙해지면 사고와 발상의 폭이 넓어진다. 주말 나들이 때 파격적인 캐주얼을 입어 보라. 파격적인 자기 스타일을 만들어 보라. 정장 입은 모습에만 익숙해져 있는 자신의 눈을 씻어야 한다. 그것은 정장의 질서에 억눌린 사고의 자유를 되살리는 방법 중의 하나다. 몸은 다시 젊어질 수 없다. 그러나 생각은 늙지 않고 언제까지나 젊을 수 있다.

정장에 익숙한 30~40대 직장인들은 정장도 아니고 청바지도 아닌 어정쩡한 스타일의 캐주얼을 고집하기 쉽다. 그게 바로 '아저씨 티'다. 당신이 아저씨라고 생각된다면 자신의 색깔과 정반대의 색에 익숙해지도록 노력하라.

다시 말하지만, 주말에는 일로부터 완전히 벗어나야 한다. 어

중간한 스타일은 정장으로부터 반만 벗어난 것이다. 당신 얼굴이 유일무이하듯, 당신에겐 당신만의 개성과 스타일이 있다. 주말에 10년 젊어지기—당신의 개성과 스타일을 찾으면 가능하다. 그러면 사고도 10년 젊어진다.

잃어버린 반쪽을 찾아라

중국 한무제 때의 승상 공손홍은 원래 감옥을 지키는 옥리(獄吏)였다. 그는 그나마 죄를 짓고 쫓겨나 시골에서 돼지를 키우며 생계를 꾸려야 했는데, 나이 마흔이 되어 비로소 학문에 뜻을 두고 공부를 시작했다.

그의 나이 60세 되던 해, 갓 즉위한 무제가 지방에 칙서를 보내 뛰어난 인재를 추천하도록 했다. 그때 지역 관리가 20년간 갈고 닦은 그의 학문을 인정하여 공손홍은 조정의 박사(博士)로 임명되기에 이르렀다. 이후 공손홍은 또 한 차례 관직에서 물러나는 굴곡을 겪기도 했지만, 66세 때 다시 조정에 들어가 10년 뒤에는 마침내 2인자의 자리인 승상에 올랐다.

상업고등학교가 최종학력인 노무현 씨가 대통령에 당선될 수 있었던 가장 큰 요인 중 하나는 그가 운동권 출신이라는 이력 때문이다.

1975년 사법고시에 합격하여 1978년에 개업한 돈 잘 버는 변호사가 느닷없이 노동 운동가로 변신한 때는 1983년으로, 그의 핵심 측근 중에도 1983년에 대학에 입학한 사람이 많다. 83학번이라면 노무현 대통령의 나이와 20년 가량 차이가 나는데, 민주당 대선 후보 경선 때 '반노(反盧)' 진영에 섰던 이영작 씨(63세)는 "노무현 씨는 나와 동년배에 가깝지만, 386세대와 똑같은 사고방식으로 말을 한다. 그러니 내가 내 아들 말을 이해하지 못하듯이 그의 말도 이해하지 못하는 것이다"라고 노무현 씨에 대해 언급한 적이 있다.

50대 후반인 노무현 대통령이 지금 30대 후반과 비슷한 사고방식을 갖게 된 것은 고등학교를 졸업한 1960년대로부터 20여 년이 지난 1983년에 비로소 그의 젊은 활동이 시작되었기 때문이다. 그리고 결국 20~30대 젊은이들은 사고가 30대 후반에 머물고 있는 노무현 대통령 후보를 지지했다. 나이 마흔둘에 성균관대를 수석 졸업한 개그맨 전재환 씨와 비슷한 사례가 수없이 많은 요즘, 무엇을 하든 나이 핑계를 대긴 어려운 세상이 되었다.

결혼 또는 사업에 실패하거나 직장에서 뒤처지는 등 인생이 뜻대로 풀리지 않는 까닭에는 여러 가지가 있겠지만, 나는 "운대가 맞지 않았다"는 변명을 좋아한다. 재혼한 부부의 이혼율은 초혼 때보다 현저하게 낮다. 사업에 크게 성공한 사람의 이력은 실패로 점철되어 있는 경우가 대부분이다. 전 직장에선 빛을 보지 못하다가 직장을 옮긴 뒤부터 승승장구하는 사람도 많다. "실패는 성공의 어머니다"라는 식상한 교훈을 들먹이려는 것은 아니다. 다만 다양한 경험이 성공적인 인생의 밑거름이라는 뜻이다.

경력 8년의 헤드헌터 서경원 씨는 "크게 성공한 사람의 이력서는 매우 다채롭다"고 단언한다. 그리고 성공을 거둔 현재 분야와 전혀 무관한 분야에서 출발했거나 중간에 이리 기웃 저리 기웃한 이력이 한 우물만 판 이력보다 사회적으로 성공할 확률이 높다고 한다.

나는 그 '운때가 맞은 순간'을 '잃어버린 자신의 반쪽을 찾은 순간'이라고 풀이한다. 다채로운 체험을 통해 자신의 재능, 숨어 있던 잠재력과 딱 들어맞는 일과 자리를 만날 수 있는 것이다. 왜 주말이 소중한 시간이냐고 묻는다면, 나는 바로 그 잃어버린 반쪽을 찾을 수 있는 절호의 기회이기 때문이라고 말한다.

과연 잃어버린 반쪽은 무엇인가? 물론 당신의 숨어 있는 잠재력이다. 그런데 당신의 반쪽은 엉뚱한 곳에 있고, 지금 하고 있는 일에 타고난 부적응자라면 어떻게 하겠는가? 직장생활이 잘 풀리지 않는데 밑도 끝도 없이 한 우물만 팔 수는 없다.

그렇다고 '크게 성공한 사람의 이력서가 다채롭다' 고 해서 섣불리 이리저리 기웃거렸다가는 시쳇말로 밥줄 끊어지기 십상이다. 그래서 $2\frac{1}{2}$ 의 주말이 더욱 소중한 것이다.

나는 우연히 또는 각고의 노력 끝에 자신의 잠재력을 찾은 사람으로 소리꾼 한승석 씨의 예를 자주 든다. 고향 사람들에게 "진도에서 판검사 났다"는 칭송을 들으며 서울대 법대에 입학한 그는 입학하자마자 무엇에 이끌리듯 국악에 빠져들었다.

공부와 국악을 두고 오랫동안 고민한 끝에, "머리 깎고 산에 들어가겠다"며 드러누운 부모의 강압적인 만류마저 뿌리치고 결국 장구를 선택했다. 그런 그에게 김덕수 씨를 비롯하여 꽹과리 명인 이광수, 명창 안숙선 · 성우향 · 김청만을 차례로 사사하는 기회가 우연처럼 찾아들었다. 한 신문과의 인터뷰에서 그는 이렇게 말했다.

"내 삶은 나의 것입니다. 인생의 갈림길에서 방황하는 젊은이들이 있다면 진심으로 바라는 것이 무엇인지 가슴에 손을 얹고 생각해 보세요. 하고 싶은 것을 하고 사는 삶이 가치 있고 행복한 삶이 아닐까요."

진정한 '나'를 찾기 위해 도전하는 삶은 아름답다. 물론 아무리 노력해도 찾지 못할 수도 있다. 하지만 시도도 해보지 않은 채 패자로서의 삶을 이어가는 것보다 훨씬 풍요로운 삶이 아닌가.

우리에게 다가온 2½의 주말은 잃어버린 자신의 반쪽을 찾는 시간이어야 한다.

주말마다 민물고기를 찾아 10년 동안 전국의 강과 계곡을 누 벼온 최명근 씨는 노래방 기계를 생산하는 회사 사장이다. 그러 나 그가 물고기에 관한 한 첫 손가락에 꼽히는 실력자라는 사실 은 학계에서도 인정하고 있다.

진공관 오디오를 조립하여 부수입을 올리는 의사도 있다. 내 친구이기도 한 김항보 씨는 이 방면에서 알아주는 실력자이고, 주말이면 작업실에 틀어박혀 진공관 오디오를 조립해서 웬만한 월급쟁이보다 나은 부수입을 올리고 있다. 오디오 조립과 감상은 손재주가 뛰어난 외과의사 김씨가 가장 즐기는 취미이며 오디오 를 구입한 사람들의 칭찬을 듣는 것 또한 가장 좋아한다.

7년 동안 주말만 되면 경량항공기에 푹 빠져 살던 장도경 씨는 미국에서 자격증을 딴 뒤 직업을 항공 강사로 바꾸었다. "내가 강의에 소질이 있는 줄 몰랐다"는 장씨는 잃어버린 반쪽, 즉 제 자리를 찾은 사람이다.

시간이 흐를수록 취미를 직업으로 갖는 사람들이 늘어난다는 건 그만큼 '자아 실현'이 개인 삶에 있어 중요해지고 있다는 걸 보여준다. 미국의 직업 선호도 조사에서 요리사가 상위에 랭크되 는 현상 또한 그와 관련된 것으로 해석된다. 레스토랑이 많기로 유명한 샌프란시스코의 요리학원에는 20대의 젊은이뿐 아니라 마흔이 넘은 만학도들도 많다고 한다. 만학도들의 직업 또한 다양했는데 신경외과의사에서부터 변호사, CPA에 이르기까지 소위 사회의 상류층으로 분류되는 사람들도 상당수를 차지하고 있었다.

그야말로 세상은 넓고 할 일은 많다. 그리고 당신도 최소한 하나의 재능은 갖고 태어났다. 주말에는 당신의 잃어버린 반쪽을 찾아나서라.

거꾸로 살기 위한 4가지 방법

1. 나와 정반대의 캐릭터를 모델로 삼아라.

이제껏 가져왔던 생각을 버리고 상식에 대해 의문을 갖게 되면 새로운 가능성과 혁명적인 발상과 신선한 아이디어가 넘쳐난다. '거꾸로 살기' 위해서는 먼저 나와 정반대의 사람을 '거꾸로 살기' 모델로 삼아라. 그리고 그들과 함께 어울리고 그들의 삶을 따라해 보라.

2. '자아관계와 대인관계', '육체활동과 정신활동'의 균형을 잡아라.

자신의 에너지를 대인관계와 정신활동에 '올인' 해 버리면 최후에 남는 것은 자아와 건강의 상실이다. 따라서 주중에는 적어도 2시간, 주말에는 절반 이상을 자아관계와 육체활동에 할애해 자아와 체력을 강화시켜라.

3. 스타일을 과감하게 바꿔라.

옷은 자신을 표현하는 가장 직접적인 도구다. 톡톡 튀는 캐주얼에 익숙해지면 사고와 발상의 폭이 넓어진다. 자신만의 개성과 스타일을 찾으라. 주말에 10년 젊어지면 사고도 10년 젊어진다.

4. 가장 좋아하는 일을 찾아 도전하라.

진정한 '나'를 찾기 위해 도전하라. 모든 사람은 최소한 하나의 재능은 타고났다. 내면에 숨어 있는 재능과 잠재력을 찾아라. 잃어버린 반쪽, 즉 제자리를 찾는 데에 나이 핑계는 대지 말라.

주말 시간을
두 배로 늘려 쓰는 지혜

_ 단호하게 'NO' 라고 말하자

_ 받는 만큼만 일하자

_ 시간 쓰레기 종량제가 필요하다

_ 피로한 사람에게 주말은 없다

_ 인맥, 과감하게 가지치기하라

_ 정보기기로 시간을 벌자

단호하게 'NO' 라고 말하자

D주식회사 영업관리팀장 김종현 씨의 별명은 '5시' 였다. 오후 5시만 되면 부하직원들에게 느닷없이 업무 지시를 하여 퇴근이 늦어지게 만들고 심지어 휴일에도 출근하게 만드는 나쁜 습관 때문에 붙은 별명이다. 그런데 2002년 여름, 입사 3개월 된 천우광이라는 신입사원이 김 부장의 오랜 습관에 정면으로 도전을 했다.

"앞으로 업무 지시는 오전에 내려 주십시오."

그는 늦게 시시가 내려오면 퇴근이 늦어질뿐더러 계획해 놓은 일정에 따라 업무를 처리하기 어렵고, 지시를 따르기 위해 하던 일을 중단하고 뒤로 미루면 결과적으로 일 처리에 지장이 많기 때문이라고 했다. 김 부장은 얼굴이 빨개지도록 화가 치밀었지만 그날 저녁 회식 때까지 참았다. 술자리에서 천우광 씨를 꾸짖으려던 김종현 부장의 계획은 모든 팀원들이 천우광 씨의 편을 들면서 수포로 돌아갔다. 그리고 김 부장은 자신에게 일을 바로바로 처리하지 않고 슬금슬금 미루는 습관이 있음을 깨닫게 되었다. "매일 아침 업무 회의를 갖고 그 자리에서 업무 협의를 하자"는 한 팀원의 제안을 받아들인 뒤로 영업관리팀의 야근과 휴일 출근은 눈에 띄게 줄어들었다.

주중과 전혀 다른 삶으로서의 주말, 주말 혁명이 불러올 이중생활. 그 삶의 키포인트는 무엇인가? $2\frac{1}{2}$ 과 $4\frac{1}{2}$ 의 삶이 각기 독립되어 영위되고 서로 악영향을 주고받지 않기 위해 가장 중점을 두어야 하는 것은 당연히 시간관리와 피로관리다. 시간관리란 $4\frac{1}{2}$ 의 삶, 즉 먹고 살기 위한 시간이 $2\frac{1}{2}$ 의 삶을 침범하지 못하도록 하고, 마찬가지로 $2\frac{1}{2}$ 이 $4\frac{1}{2}$ 을 위협하지 못하도록 관리하는 것이다. 피로관리 또한 $2\frac{1}{2}$ 의 활동으로 인한 피로는 $2\frac{1}{2}$ 내에서 풀어야 한다는 뜻이다.

일전에 통계청이 전국의 만 16세 이상 남녀 8만 4000명을 대상으로 실시한 사회통계 조사에 의하면 우리나라 국민 4명 중 1명은 늘 시간에 쫓기며 생활하고 있는 것으로 밝혀졌다. 이 중에서도 가장 여유가 없는 연령층은 40대로 나타났다. 특히 '평소 생활의 여유'를 묻는 질문에 "늘 시간에 쫓긴다"고 답한 사람이

26.4%나 되었으며, "더러는 시간에 쫓긴다"라는 사람은 56%나 되었다. 결국 이를 더하면 4명 중 3명 꼴로 그다지 생활에 여유를 갖지 못한다는 이야기다.

시간은 누구에게나 공평하게 주어지는 무형의 자원이다. 시간은 사용하지 않아도 그냥 지나가 버리며, 그렇다고 보관해 놓을 수도 없는 노릇이다. 또한 시간은 다시 돌아오지 않으며, 남에게 팔 수도 없고 살 수도 없다. 누구나 다 아는 이야기이지만 시간은 어떻게 활용하느냐에 따라 그 가치가 엄청나게 달라질 수 있다.

많은 직장인들이 "바쁘다 바빠, 시간이 부족해"라는 말을 입에 달고 살아간다. 그런데 정말로 하루 24시간이 그리도 짧은 시간일까? 일주일을 살펴보자. 1주일은 '24시간×7일은 168시간'이고 이 중에서 근무 시간 40시간을 제외하면 '168시간-40시간=128시간'이다. 하루 3시간을 출퇴근 시간으로 잡으면 '128시간-15시간=113시간', 그리고 하루 8시간 잠을 자면 '113시간-56시간=57시간'이 남는다. 이 57시간이 일주일 동안 당신에게 주어지는 시간이다. 그런데 우리나라 직장인의 평균 TV 시청 시간이 일주일에 약 20시간이라고 한다. 자신에게 주어진 시간의 무려 35%를 텔레비전이라는, 그다지 쓸모 있을 것 같지 않은 오락에 소모해 버리는 것이다.

TV 시청은 시간을 쓰레기통에 내다버리는 하나의 예에 불과하다. 직장에서도 계획의 부재와 무성의 때문에 엉뚱한 일을 하거나 똑같은 일을 반복하는 이른바 '삽질'이 비일비재하지 않은가? 질러갈 길을 두고 정보의 부족과 원활하지 못한 커뮤니케이션으로 인해 빙빙 돌아가거나 심지어 거꾸로 가고 있지는 않은가? 지나치게 방대하고 복잡한 인맥 때문에 경조사와 술자리로 시간을 낭비하고 있지는 않은가? 당신은 혹시 컴퓨터는 물론 전자수첩, PDA 등의 시간관리를 위한 편리한 디지털 기기를 전혀 활용하지 못하는 원시인은 아닌가? 아직도 평생직장의 꿈을 꾸며 주말마저 회사에 나가 부질없이 자리만 지키고 있지는 않은가?

시간관리의 첫걸음은 '단호함'에 있다. 뒤에서 자세히 설명하겠지만, 이를테면 '일을 미루지 않는 단호함', 그리고 '꼭 하지 않아도 되는 일은 하지 않는 단호함' 말이다. 시간관리에 대한 저서 『시간관리? 인생관리!(Get everything done and still have time to play)』의 저자 마크 포스터는 "시간관리를 잘하는 사람은 단호하기 때문에 우리의 삶에서 가장 많은 스트레스를 야기하는 요인, 즉 미루는 습관의 제물이 되지 않는다. 어떤 문제를 뒤로 미루거나 피한다고 해서 그와 관련된 스트레스가 사라지는 것은 아니다. 오히려 그럴수록 스트레스는 늘어날 뿐이다. 그래서 시간관리를 못하는 사람은 늘 일정한 분량의 걱정과 근심을 안고 살아간다"고 강조한다. 그리고 그는 시간관리 기법의 핵심으로 다음 4가지를 제시하고 있다.

1. 자신의 삶에서 제대로 할 시간이 충분치 않은 모든 것들을 제거하기
2. 시간을 투자해야 할 관심을 적절히 순환시키기
3. 제대로 되지 않는 일이 있으면 시간을 내어 왜 그런지 알아보고 적절한 시스템을 만들기
4. 자신의 삶의 방향을 깊이 점검해 보는 시간 갖기

이 4가지 방법은 어렵지 않지만 좀처럼 실천하지 못하고 있는 것들로, 그 원인은 대개 우유부단함과 일상의 반복으로 인해 고착된 매너리즘 때문이다. 여기서 시간관리에 대한 개념을 새로 짚어볼 필요가 있다. 시간관리란 단순히 시간을 관리하는 데에서 그치는 것이 아니라 자신의 관심 방향을 바로잡는 것이다. 다시 말해 관리해야 할 것은 시간이 아니라 바로 자기 자신이다. 따라서 자신의 핵심 가치에서 벗어나는 일들에 대해서는 단호하게 "No!"라고 말할 수 있어야 한다. 좋다, 지금부터 시간관리의 세부적인 방법론으로 들어가 보자.

받는 만큼만 일하자

정신병은 대략 분열증과 편집증으로 나눌 수 있다. 분열증 환자의 행동은 도무지 예측을 불허하는 데 비해 편집증 환자는 오직 하나의 사물에 수많은 의미를 부여한다. 편집증 환자가 의미를 부여하는 '대상'은 생의 의미이고 세계이고 우주가 된다. 그런 의미에서 예술이나 과학 분야에서 돋보이는 천재성은 일종의 편집증이라고 볼 수도 있으며, 자신의 분야에서 성공을 거두려면 얼마간의 편집증이 필요한 것이 사실이다.

그러나 도를 지나쳐 '일'이라는 사물(행위)이 '삶의 의미'가 되는 경우가 있는데, 이것을 워커홀릭(workaholic, 일 중독)이라고 한다. 워커홀릭은 치료가 필요한 정신질환의 하나다. 무급 휴직계를 내고 전세금 9000만 원을 털어 가족과 1년 동안 배낭여행을 다녀온 서울시 공무원 이성 씨는 모 일간지와의 인터뷰에서 이렇게 말했다.

"스스로 일 중독에 빠져 있다고 느껴 떠났어요. 지구촌 구석구석을 돌아다녀 보니 한국의 30~40대 직장인들만큼 일에만 매달리는 사람도 드물었습니다. 일 중독은 알코올 중독 못지않게 가정과 사회에 해악을 끼치는 것이죠. …… 다른 가족들이 평생을 두고 할 애기를 우리는 1년 동안에 했고, 평생을 함께 살아도 알지 못할 서로의 진면목을 보았고 이해하게 됐지요. 돈으로는 살 수 없는 소중한 경험과 자신감을 얻었습니다."

대한민국은 일말고는 관심이 없으며, 주말이나 휴가 때 일과 떨어져 있으면 불안해지는 워커홀릭 비율이 가장 높은 나라 중 하나다. 워커홀릭을 치료하기 어려운 까닭은 이 사회가 워커홀릭에게 찬사를 보내는 탓이다. 주위에서 "잘한다, 잘한다" 하니까 점점 더 출력을 높이는 것이다.

그런데 미국의 경우는 어떠한가. 미국 〈월스트리트저널〉은 "직원들이 워커홀릭이 되는 것을 막기 위해 미국 기업들이 요즘 다양한 아이디어를 동원하고 있다"고 보도했다. 회의가 많을뿐더러 회의 준비 때문에 직원들이 일감을 싸들고 집에 가는 경우가 많은 SC존슨 사는 한 달에 이틀을 '회의 없는 날'로 정했다. 네슬레 미국 법인에서는 매주 금요일 오전 10시 이후의 회의를 금지했다. 사우스웨스트 항공은 일주일에 하루를 '생각하는 날'로 정해 직원들이 하루 동안 사무실을 벗어나 호숫가를 거니는 등 자신의 업무에 대해 생각할 수 있는 시간을 준다. 어느 가전제품 판매업체는 휴가 중에 직원이 일을 하지 않도록 '죄책감 없는 휴가' 제도를 만들었고 신입사원이 들어오면 "휴가 중에 사무실로 전화를 걸지 맙시다"라는 구호를 외치게 한다.

왜 미국 회사들은 이처럼 워커홀릭을 경계하는가? 물론 치밀한 계산 끝에 '회사에 워커홀릭이 많으면 결국 손해'라는 결론을 내렸기 때문이다. 즉, 워커홀릭은 눈앞에 닥친 일에는 강할지 몰라도 시간이 갈수록 보다 창의적이고 미래지향적인 일에는 자신의 능력을 발휘하지 못할 것이기 때문이다. 워커홀릭이 회사 전체의 성장에 걸림돌이 될 수 있다는 사실을 미국의 회사들은 아주 예리하게 간파한 것이다. 뿐만 아니라 워커홀릭은 처음에는 가족관계를, 나중에는 대인관계를, 여기서 더 탄력을 받으면 자기 자신마저 파괴하는 무서운 질병이다. 돌연사, 과로사, 또는 퇴직이나 실직의 고통을 견디지 못하여 자살하는 것이 워커홀릭의 가장 비참한 종국이다.

워커홀릭은 인생을 편식한다. 나는 삶을 지탱하는 세 개의 기둥으로 일, 사랑, 놀이를 꼽는데 아마 대부분의 독자들도 이에 동의할 것으로 믿는다. 그런데 워커홀릭은 셋 중의 둘, 즉 사랑과 놀이를 잃어버리는 것이다. 최근 일본 〈아사히 신문〉은 "일본인 30대 성인 4명 중 1명이 '성(sex) 없는 결혼생활'을 하고 있다"

고 보도했다. 그런데 문제가 되는 것은 섹스리스(sexless) 부부의 공통점이 바로 워커홀릭이거나 워커홀릭의 징조를 보인다는 것이다. 서울 S병원 전문의 박인성 씨는 "요즘 '횟수' 때문에 상담을 요청하는 젊은 여성이 부쩍 늘어났다"고 한다. 그리고 "결혼한 지 5년 이내의 젊은 부부들이 '섹스리스'가 되는 가장 큰 원인은 직장 생활에서의 스트레스에 있다. 경쟁, 구조조정, 실직 등이 우리 젊은 직장인들을 자연스럽게 워커홀릭으로 만들어 가고 있다"고 우려했다.

워커홀릭은 놀 줄을 모른다. 아니 불안해서 놀 수가 없다. 편집증 환자인 워커홀릭에게는 일이 곧 삶의 의미이며 일이 곧 놀이이고 일이 바로 사랑이기 때문이다. 이들에게 주5일 근무제는 하나의 재앙이며 혹여 퇴직이나 실직이라도 당하게 되면 그것은 바로 '인생의 끝'과 다르지 않다. 워커홀릭은 자신의 조그만 실수조차 용납하지 못하는, 즉 모든 일을 자기 책임이라고 생각하는 완벽주의자다. 이들은 정열적이고 근면하지만 대체로 융통성이 없어 한 곳에 관심을 두면 다른 것은 쳐다보지도 않는다. 워커홀릭을 치료하는 방법은 당연히 일에 편중된 집착을 분산시키는 것이다. 다시 말해 내키지 않더라도 일단 이러저런 취미를 가져 보고, 이런저런 일을 저질러 보고, 여기저기 다녀 보고, 이 사람 저 사람을 만나 보아야 한다는 것이다.

우리는 흔히 더 많이 일하는 사람이 더 크게 성공할 것이라고 생각한다. 과연 그럴까? 사회적 성공은 '운칠기삼(運七技三)' 인가 아니면 '운삼기칠(運三技七)' 인가? 삼성경제연구소의 보고서에 따르면 1990년의 30대 기업 중 1999년까지 30위 안에 살아남은 기업은 겨우 9개로 생존율은 30%에 불과하다(1965년 국내 100대 기업 중 13개만 1999년까지 살아남아 있다). 더 많은 자본과 우수한 인재와 기득권을 가진 대기업이 경쟁에 유리한 것은 지당한 일인데 대기업이 신생 기업에 밀려 제자리를 지키지 못하는 까닭은 급변하는 시장환경이라는 의외성 때문이다.

우리는 사회적 성공에는 일정한 패턴이 있으며 결국 "그른 판단보다 바른 판단을 더 많이 내리는 자가 성공한다"고 배웠다. 지당한 말이지만 문제는 무엇이 "그르다, 바르다"의 판단은 결과가 드러난 후에야 알 수 있다는 것이며, 결코 미리 예측할 수 있는 것이 아니라는 데 있다. 점점 변화의 속도가 빨라지는 예측불가의 세상에서 무엇이 바른 판단이고 무엇이 그른 판단인가?

사회적 성공이 부자가 되는 것이라면 부자가 되기 위한 비결은 무엇인가? 남보다 더 많이 생각하고 재고 일하면 되는 것인가? 대한민국에서는 당연지사고, 기부 문화가 자리잡은 미국에서조차 500대 기업 주인의 절반은 부모에게 재산을 물려받은 사람들이라고 한다. 지출을 틀어막는다고 월급쟁이가 부자가 될까? 아니다. 노동자에게 너무 많은 임금을 주어 부자로 만들어 주면 더 이상 힘든 노동을 하지 않게 된다.

부자가 되는 과정은 모두 합리적이고 논리적인가? 아니다. 부자가 되는 과정이 모두 논리적이고 합리적이고 합법적이라면 끝없이, 그리고 빠르게 재산이 늘어나는 부자가 나타나야 한다. 그러나 모든 부자의 재산은 한두 번 대박을 터뜨렸다가 이후에는 은행금리 정도로 늘어난다고 한다. 따라서 '얼마나' 일하는가가 아니라 '어떻게' 일하느냐, 또는 '어디'에서 '어떤' 일을 하느냐가 더 중요한 것이다.

쉬지 않고 놀지 않고 주위를 돌아보지 않고 오로지 회사가 불하한 업무에만 매달리는 것은 바로 그 새로운 주말 $2\frac{1}{2}$이 제공하는 '어디'와 '어떻게'와 '어떤'의 기회를 걷어차 버리는 것과 같다. 그것은 곧 성공과 행복의 가능성을 걷어차 버리는 바보짓이다. 주중에만 양심껏, 그리고 받는 만큼만 일하라. 필자가 귀에 못이 박히도록 하는 이야기이지만, 당장 내일이라도 느닷없이 당신과 회사와의 계약이 끝나 버리는 최악의 상황을 늘 염두에 두고 살아가야 한다.

낮은 급여에 대해 불만을 토로하는 직장 동료들간의 술자리에서 한 사람이 이렇게 이야기했다.

"생각을 뒤집어보라. 왜 몸 상하도록 일하고, 일한 만큼 못 받는다고 마음까지 상하는가? 받는 만큼만 일하면 몸도 마음도 편한걸."

발상의 전환은 인생관을 바꾸고, 불행을 행복으로 뒤집어놓는다.

시간 쓰레기 종량제가 필요하다

우리는 왜 이렇게 바쁜 것일까? 현대인에게는 하루 24시간이 정말로 부족한 것인가? 나는 다국적 기업 S사 한국 지사에 다니는 이병훈 부장에게 재미있는 실험을 의뢰했다. 2003년 4월 한 달 동안 이 부장이 만난 사람과 대화 내용을 기록하게 한 다음 일주일 후에 하나씩 점검을 해본 것이다.

이병훈 부장은 이 기간에 업무상으로, 그리고 퇴근 후 저녁식사 등으로 모두 57명을 만났다. 그 중에서 '꼭 필요한 만남이었다'는 사람이 38명, 지나고 나서 생각해 보니 '꼭 필요하지는 않았다'가 11명, '이런저런 이유로 차라리 만나지 말았어야 했다'가 8명이었다. 그런데 다시 일주일이 지나자 '꼭 필요한 만남이었다'라고 생각하는 사람이 3명 줄어들었다. 그리고 다시 일주일 후에 2명이 더 줄어들었다고 하는 연락이 왔다. 이 부장의 경우 4월 한 달 동안의 만남 중 절반이 조금 넘는 58%만이 꼭 필요한 만남이었다는 이야기다.

물론 일반화시킬 수 없는 조사일뿐더러 '저 사람을 만나 봐야 별 소득이 없을 것'이라고 지레짐작했다가 자칫 커다란 기회를 놓치는 우를 범할 수도 있는 노릇이다. 그런데 이 조사에서 중요한 점은, 이 부장에게는 불필요한 만남이었다고 드러난 42%의 시간은 이 부장이 가용할 수 있는 시간 자원이라는 것이다. 대부분의 직장인에게 불필요한 만남에 소모되는 시간은 피할 수 없는 아까운 것이라고 하지만, 뒤집어 생각하면 그만큼의 가용할 시간 자원이 있다는 뜻이다. 사람과의 만남뿐만 아니라 꼭 하지 않아도 될 일, 불필요한 전화, 형식적인 회의와 보고 등등 무수히 많은 시간이 쓰레기통 속으로 내던져지고 있으며, 그것은 그만큼 당신을 바쁘고 피곤하게 만드는 것이다.

요즘 소개되는 시간관리 기법의 대부분은 "시간을 세밀하고 철저히 관리해서 하루 24시간을 25시간처럼 쓰자"고 제안한다. 즉, 시간을 벌어 남보다 더 많이 쓰자는 이야기다. 그러나 나는 이런 생각에는 반대한다. 내가 제안하는 시간 쓰레기 종량제는 시간을 쪼개서 더 알차게 활용하자는 것이 아니라 시간을 남겨서 여유를 갖자는 것이다. 쓰레기통에 버리는 시간을 줄여서 남은 시간에 자신만을 위한 여유를 갖든지, 아니면 놀이와 사랑과 자기 계발과 성찰에 더 많은 시간을 투자하라는 뜻이다. 늘 바쁜 사람은 디테일한 것만 좇다가 전체와 방향을 보지 못하는 경우가 많다. 나무만 보고 숲은 보지 못하는 셈이다. 이런 사람은 일 처리도 깔끔하지 못할뿐더러 착오로 인해 같은 일을 반복하기 십상이다. 남 보기에는 회사 일 혼자 다하는 듯하지만 실상 공부 못하는 학생이 책가방만 무거운 경우와 다르지 않다.

시간 쓰레기 종량제의 효과적인 시행을 위해 나는 4가지 원칙을 제안한다.

1. 미루지 말라.

늘 시간에 쫓겨가며 일을 처리하는 사람들에겐 공통적으로 일을 미루는 버릇이 있다. 일을 미루면 자칫 해야 할 일의 요지마저 잊어버리기 쉽다. 그런 경우 일이 뒤죽박죽되고 같은 일을 두 번 하는 이른바 '삽질'도 반복된다. 자주 삽질하는 사람만큼 바쁜 사람도 없다.

2. "No!"라고 말하라.

바쁜 사람은 대개 우유부단한데, 늘 불필요한 약속에 휩쓸리고 남의 부탁을 들어 주다가 막상 자기 시간에는 쫓기게 마련이다 몇 해 전 우연히 다시 만난 고등학교 동창 최한욱 씨는 내가 무슨 부탁을 하든, 아니면 만나자고 청하든 언제나 조건 없이

"OK!" 하는 사람이었다. 그런데 몇 달을 그렇게 지내다 보니 약속과 부탁의 절반은 시한이 임박해서 취소가 되는 경우가 많았다. 최씨는 무작정 약속을 잡아 놓고는 중복된 약속이나 급한 업무 때문에 지키지 못하는 것이었다. 몇몇 사람들은 "걱정하지 말라"는 큰소리만 믿고 부탁을 했다가 낭패를 당한 경우도 있었다. 나는 곧 최한욱 씨는 몹시 바쁘고, 주변 사람들의 평도 그리 좋지 않음을 알게 되었다.

3. 우선순위를 분명히 하라.

일의 우선순위를 정하는 데 참조할 만한 『성공하는 사람들의 7가지 습관』의 저자 스티븐 코비의 타임 매트릭스를 소개한다. 개인적 취향에 따라 적절히 변형하여 활용하면 일의 우선순위를 잘못 정해 시간을 낭비하는 일이 현격하게 줄어들 것이다. 스티븐 코비는 하루에 처리해야 할 일을 4개의 구역으로 나누었다.

I구역의 '긴급하고 중요한 일'은 당연히 먼저 처리해야 하며, 실제로 가장 중요한 II구역은 꾸준히 시간을 할애하여 진행해야 한다. 문제는 III, IV구역으로, 특히 III구역은 당장 눈앞에 닥친 일이기 때문에 마치 중요한 것처럼 보여 우리를 현혹시킨다. IV구역은 그야말로 해도 그만이고 안 해도 그만인 시간 낭비 구역이다. III, IV구역을 집중적으로 관리하고 털어냄으로

I. 긴급하고 중요한 일	II. 긴급하지 않고 중요한 일
바이어 미팅 준비 입찰 마감 ⋮	인간관계 구축 장기계획 수립 ⋮
III. 긴급하고 중요하지 않은 일	IV. 긴급하지 않고 중요하지 않은 일
정례 회의 사무 기기 수리 ⋮	친목회 저녁 모임 우편물 확인 ⋮

〈스티븐 코비의 타임 매트릭스〉

써 남은 시간을 당신에게 가장 소중한 II구역에 활용하거나 차라리 휴식을 취하도록 한다.

4. 자기만의 퍼스널 오거나이저(personal organizer)를 활용하라.
첨단 전자수첩이나 PDA는 물론 구식 다이어리와 심지어 포스트잇도 훌륭한 퍼스널 오거나이저가 된다. 문제는 얼마나 잘 활용하는가에 있다. S생명을 대표하는 억대 연봉 생활설계사 중 한 사람인 김모 씨는 주변 사람에게 "내 연봉의 90%는 포스트잇 덕택이다"라고 말한다.
포스트잇에 그날 만나야 할 사람과 할 일 등을 적어 우선순위에 따라 수첩 안쪽에 붙인 다음 일을 마치면 하나씩 떼어낸다.
접이식 수첩 왼쪽에는 '긴급하고 중요한 일'을, 오른쪽에는
'긴급하지 않고 중요한 일'을 적어 붙이는 것이다. 물론 요즘
시판되는 전자수첩과 PDA는 너무나 훌륭한 기능을 지니고 있
으며 이에 대해서는 뒤에 자세히 소개하도록 한다.

피로한 사람에게 주말은 없다

호기심, 의욕, 정열, 진취적 기상, 도전 정신 등 사람이 앞으로 나아가고자 하는 긍정적인 심리의 대부분은 육체의 활력에서 기인한다. A일보 경제부 신모 기자는 사석에서 "젊은이 못지 않게 정열적으로 일하던 대기업 회장들이 왜 갑자기 은퇴하는지 아는가?"라고 나에게 물은 적이 있다. 나는 은근슬쩍 "물러날 때를 알고 물러나는 사람의 뒷모습은 얼마나 아름다운가"라고 둘러댔는데, 신 기자는 "무슨 말씀, 십중팔구 보약이나 운동으로도 예전의 건강을 유지하기가 힘들어졌기 때문이지"라고 했다. 건강을 잃으면 억만금의 재산도 광활한 부동산도 세계 초일류 기업의 청사진도 눈에 들어오지 않는다는 이야기다.

결국 몸이 문제다. "피로는 만병의 근원이다"라는 말이 있고

"피로한 자는 천하를 얻지 못한다"는 웃기는 CF 대사도 있지만 많은 직장인들이 피곤에 절어 살아간다. 월급쟁이들에게는 '잠을 잔다'거나 '수면을 취한다'는 말보다는 '곯아떨어진다'라는 표현이 더 어울리는 듯하다. 내 친구인 H건설 공정호 부장은 장소를 가리지 않고 틈만 나면 조는 것으로 유명한데 그는 눈을 붙이기 전에 꼭 "피곤한 해골을 눕혀 볼거나"라는 우스갯소리를 한다. 그럴 때마다 나는 "그놈의 해골은 어쩌자고 날마다 피곤한가?"라고 맞받아친다.

직장인에게 피로가 문제가 되는 까닭은 한마디로 만사가 귀찮아지기 때문이다. 위인전을 들추다 보면 가끔 질병·고령·장애 등의 육체적 한계를 극복하고 대업을 이루었다는 이야기를 읽게 된다. 그러니까 위인이 된 것이지 보통 사람들은 몸이 아프거나 피곤해지면 주저앉게 마련이다.

육체적 한계 앞에서 "정신력으로 버티자"는 강요는 서양 문물, 특히 기독교가 들어온 이래로 우리 사회에 자리잡은 가치관인 듯하다. 기독교는 육체와 영혼을 분리시켰다. 다시 말해 육체는 썩어 땅에 묻히는 소모품이지만 영생하는 영혼은 죽은 육신을 빠져나가 천국이나 지옥으로 이주한다는 이야기다. 그러나 동양에서는 정신과 육체가 서로 다르지 않다. 이를테면 '간이 부었다'거나 '배가 불렀다'거나 '쓸개가 빠졌다'거나 '비위가 상한다' 따위의 육체적 증상이 바로 그의 정신세계를 나타내는 것이다. 정신이 육체를 지배하는 만큼 육체도 정신세계를 지배한다는 뜻이다.

요즘 들어 지나치게 영혼과 정신을 강조해 온 서양식 사고에서 벗어나 차츰 몸의 중요성이 부각되고 있는데, 2003년 3월에 막을 내린 '인체의 신비, 한국 순회전'의 흥행도 이런 움직임을 상징하는 것으로 볼 수 있겠다. 정신과 전문의 이시형 박사는 전시회 인체 모형을 만든 독일의 해부학자 군터 폰 하겐스와의 대담에서 "앞으로는 몸에 대한 의학적 연구 결과에 따라 몸에 대한 인식이 바뀔 것이다. 현대인이 비만을 두려워하게 된 것도 비만의 위험성을 입증한 의학적 경고에서 시작되었다. 20세기가 '아름다운 몸'에 집착했다면, 21세기에는 '튼튼한 몸'이 화두가 될 것이다. 의료기술의 발달로 100세 시대가 오고 있다. 이제 튼튼한 몸이 아니고서는 그 나이까지 삶의 일상을 유지할 수 없다"고 말했다.

피로관리는 피로해지지 않는 방법과 피로를 빨리 푸는 방법, 이 두 가지로 나눌 수 있다. 의사들은 "전자는 스스로 알아서 할 일이요, 후자는 음식을 조절하고 운동으로 체력을 기르는 수밖에 없다"고 입을 모은다. 물론 운동과 음식 조절도 좋지만 나는 전자의 방법, 이를테면 피로의 원인을 제거해야 한다고 생각한다. 위태로운 '일 중독'은 물론 쓸데없는 음주와 부질없는 대화로 에너지를 소모시키는 '불필요한 만남' 도 잦은 피로의 원인이 아닐까 한다.

김광수 이사는 40대에 대기업 임원이 되어 신문지상에 소개되었던 S그룹 내 스타로 통하던 사람이다. 그런 그에게 '만성피로 증후군' 이라는 위기가 찾아왔다. 그는 도대체 생각이 정리되지 않고 금방 들은 이야기도 뒤돌아서면 잊어버리고, 무엇보다도 매사에 의욕이 사라져 버렸다고 한다. 2002년 봄부터 찾아온 이런 피로가 가을이 되도록 풀릴 기미를 보이지 않아 의사와 상담한 결과 "사외 활동을 과감하게 정리하라" 는 진단이 떨어졌다.

그는 두 개 대학에 겸임교수로 강의를 나가고 수시로 초청 강의에 불려 다니는가 하면, 최고경영자 과정 동창회와 고등학교 동창회의 간부인 동시에 기업체 사장·임원으로 구성된 모임 두 곳에서 각각 회장과 간사를 맡고 있었다. 그러다 보니 거의 매일 저녁 모임과 약속이 이어졌다. 주말 또한 이른바 친목 골프로 시간을 보내 가족과 지낼 시간은 거의 없었다고 한다. 그렇게 쌓은 인맥이 김 이사의 오늘이 있도록 도왔겠지만 이젠 그것이 도리어 그를 갉아먹고 있었던 것이다. "당장 내일 죽을 수도 있다" 는 의사의 경고에 겁이 잔뜩 났는지 김 이사는 겸임교수직을 사임하고 모든 모임의 간부 자리도 다른 사람에게 넘겨주었다. 그리고는 집에 러닝 머신을 들여다 놓고 달리기 시작했는데, 너무 지루해서 기계를 친척에게 넘겨주고 한강 시민공원으로 나가게 되었다고 한다.

심각했던 증상과는 달리 김광수 이사는 불과 3개월 만에 정상으로 돌아왔다. 그는 주변 사람들에게 "정말 회사고 뭐고 다 때려치우고 싶었다. 그게 겨우 3개월 전의 내 모습이었다"라고 말한다. 피곤한 사람은 보약을 찾기 전에 먼저 주변에 '넘치는 것들'을 정리해야 한다. 하지 않아도 될 일, 거절해도 괜찮은 만남, 지나친 걱정……. 조금 모자란 듯하게 몸과 마음을 가볍게 해야 일에든 여가에든 집중할 수 있다.

결국 효율적인 피로관리는 시간관리 · 인맥관리와 맞물려 돌아갈 수밖에 없다. 주말을 자신의 풍요로운 오늘과 미래의 성공을 위해 온전히 활용하려면, 좀 야박한 듯하지만 불필요한 일을 만들지 말고, 약속을 줄이고, 의리에 너무 집착하지 말고, 만남도 자제하고, 인맥을 과감하게 정리하는 수밖에 없다. 한마디로 무거운 짐을 내려놓고 좀더 가볍게 살라는 이야기다.

주말에 놀이를 즐기지 못할 만큼 몸이 무거운 사람은 생각도 굼뜨기 마련이므로 변화의 속도를 따라잡을 수 없다. 느릿느릿 힘겹게 움직이다가 변화의 속도를 놓쳐 버린 사람을 기다리는 것은 사회적 매장뿐이다.

인맥, 과감하게 가지치기하라

아니 할 말로 "정승집 머슴이 죽었을 때는 문상객이 들 끓어도 막상 정승이 죽고 나면 개미새끼 한 마리 보이지 않는다" 고들 한다. 야박한 세상 인심을 탓하는 말이기도 하지만, 사실 '성공'과 '성공한 사람의 집에 드나드는 것'이 얼마나 밀접한 관계가 있는지를 보여주는 말이기도 하다.

그런데 아무리 인맥관리를 잘한다 해도 관리가 가능한 인맥의 양에는 한계가 있다. 그에 비해 인맥의 질에는 한계가 없다. 인맥의 질이 좋다는 것은 반드시 고위층이나 부유층으로 구성되어 있는 인맥을 뜻하는 것은 아니다. IT 분야의 정보를 꼭 IT 전공 대학교수나 박사에게서만 얻을 수 있는 것은 아니다. 인맥의 질은 바로 다양성에서 결정된다. 필요하고 다양한 정보를 더 빨리 보다 정확하게 서로 교환할 수 있는 인맥이 가장 질 좋은 인맥이다.

따라서 각계각층의 다양성을 확보한 최소수의 구성원으로 짜여진 인맥이 가장 이상적일 것이다. 이를테면 언론·기술·건축·법률·교육 등 각 분야에 영향력 있는 한두 명의 사람만 자신의 인맥으로 관리하는 것이 가장 바람직하다는 뜻이다. 어떤 분야에서 영향력 있는 인물을 '허브(hub)'라고 하는데, 이는 마치 거미줄처럼 전세계를 연결하는 항공노선의 주요 기점이 되는 파리 드골 공항이나 뉴욕 JFK공항처럼 네트워크의 주요 분기점이라고 할 수 있다.

한 분야의 허브는 그 분야의 '돈'과 '정보'의 흐름이 집중되는 곳이므로 이 허브만 집중 관리하면 굳이 방대한 인맥을 구축할 필요가 없다. 자동차나 보험 영업사원이 아니라면 지나치게 양적으로만 팽창한 휴먼네트워크는 관리하는 데 필요 이상의 시간과 자금을 소모하게 되므로 도리어 손해를 끼치게 된다. 정리할 자리는 과감하게 정리해야 새로운 사람이 들어설 자리가 생기는 법이다. 또한 쓸데없이 방대한 인맥은 체력을 소모시켜 삶을 피로하게 만들기 십상이다.

직장인들의 인맥은 대개 같은 일을 하는 사람들로 구성되기 쉽다. 중복된 인맥, 이를테면 무슨 연합회나 협동조합처럼 같은 업종에 종사하는 사람의 모임은 자신의 전문 분야에 한정된 정보를 얻거나 서로의 이권을 지키는 것 외에는 효용이 적다. 앞서 말한

바와 같이 바쁘고 복잡하고 피곤한 삶은 대개 불필요한 인간관계 탓이다. 지나치게 많은 인간관계는 자신을 되돌아볼 시간을 빼앗고 날마다 상투적인 방식으로 사람을 대하게 만든다. 그런 인간관계에는 깊이가 있을 수 없다.

변화의 물결 속에서 인맥 또한 '소유의 양'에서 '관계의 질'로 패러다임이 이동하고 있다. 기존 인맥은 과감히 가지치기하고 차라리 주말의 다양한 활동을 통해 새롭고 다양한 인맥을 만들어야 한다.

부정적인 시각으로 바라볼 수도 있겠지만, 다양성과 수평적 분산체계를 갖춘 인맥 하나를 소개하려 한다. 서울 C여고 동창생 모임에서 비롯된 남편 모임이 그것이다. 이들은 매니아 한 사람의 영향으로 회원 모두 주말마다 리모트 컨트롤 자동차나 비행기를 조종하는 취미를 가지면서 친분이 두터워졌다. 의사, 증권사 지점장, 은행 간부, 벤처업체 대표, 법조인, 공무원, 부동산 컨설팅업체 대표 등 이질적인 전문직 종사자들끼리 친분이 두터워진 데는 아내들이 여고 동창이란 까닭이 먼저이겠지만 그보다는 같은 취미를 가시고 있는데다가, 결정적으로 투자나 창업 따위에 관련된 고급 정보를 공유할 수 있다는 점 때문이다.

나는 친분이 있는 그 모임의 회원 한 사람에게 그들 12명의 재산 변화를 파악해 달라고 요청했는데, 1996년 모임을 갖기 시작한 이후 재산이 감소한 회원은 하나도 없고 많게는 거의 10배까지 증가한 회원도 있다고 했다. 물론 정확한 수치는 아니겠지만 이미 1996년에도 평균 10억에 달하던 그들의 재산이 적어도 4~5배씩은 늘어났다는 것이다. 도덕적으로 비난받아 마땅한 일이지만, 이들의 재산이 가장 크게 늘어났던 때는 1997년의 환란기였다. 회원 한 사람이 연말에 달러가 폭등할 것이라는 최고급 정보를 입수하여 회원 모두 달러를 사들이기 시작한 때가 이미 1997년 2~5월이라고 한다(환란은 11월에 닥쳤고, 이들은 투자한 돈의 2배 이상 수익을 올렸다).

물론 잘못된 정보를 좇다가, 때로는 한발 늦게 뛰어들었다가 손해를 본 적도 있지만 증권 · 부동산 · 정부 · 은행 분야에서 나름대로 고급 정보를 접할 수 있는 회원들의 정보 공유로 생긴 시너지 효과는 성공적이었다. 예를 들어 증시가 오름세를 보이면 증권사 지점장이 투자를 리드하고 증시가 가라앉으면 부동산 컨설팅 대표가 투자를 리드하는 식으로 쉬지 않고 돈을 굴린 결과 재산이 크게 늘어났다는 것이다.

화투판에도 "똑똑한 놈 셋이면 된다"라는 말이 있듯이 인맥에 있어서도 양보다는 질을 우선으로 해야 한다는 것이다. 다양성에서 인맥의 질이 결정된다면, 관건은 그 다양한 사람들을 어디서 만날 수 있는가 하는 것이다. 가장 쉽고 자연스러운 방법이 바로 같은 취미를 갖는 것이다. 매니아 경지까지 도달할 필요는 없으나 취미에 대한 높은 식견은 인맥 구축의 강력한 무기가 된다. 주말 혁명, 놀이, $2\frac{1}{2}$ 활용의 중요성이 바로 여기에 있는 것이다.

사회생활에서 만난 사람들이 쉽게 친해지는 계기는 두 가지, 즉 같은 분야에 종사하거나 같은 취미를 가진 경우다. 같은 일을 하거나 취미가 같으면 서로 주고받을 말이 많고 자주 만나도 화제가 끊이지 않기 때문이다. 어느 기업체 사장은 젊은 영업사원들에게 "VIP 대상으로 영업을 하려거든 골프부터 먼저 배우라"고 한다. 이제부터 주말을 좀더 다양하게 보내자.

정보기기로 시간을 벌자

'디지털 디바이드(digital divide)'라는 말이 있다. 이는 정보화 기기를 제대로 활용하는 사람과 그렇지 못하는 사람 간의 소득격차가 커져 사회적인 갈등으로 비화되는 현상을 말한다. 한 민간 경제연구기관의 조사에 따르면 디지털화 지수가 가장 높은 서울과 가장 낮은 전라북도의 차이가 무려 4배라고 한다. 더군다나 이 격차는 해를 거듭할수록 커지고 있다. 정보화가 진전될수록 정보 격차는 곧 빈부 격차로 이어지는데 미국에서 실시된 조사에 따르면 연봉 7만 5000달러 이상을 버는 가정의 65%가 인터넷을 이용하는 반면 수입이 2만 달러 이하인 가구들은 수치가 10%를 밑돌고 있다.

지난 세기 화이트칼라와 블루칼라로 나눠졌던 노동의 분화가 앞으로는 정보기술 활용 능력을 기준으로 이루어질 것이다. 그리고 당연히 정보 처리와 무관한 노동은 급격하게 가치를 잃어갈 것이다. 혹시라도 "내가 컴맹임을 다른 사람에게 알리지 말라!" 하며 외줄타기하는 직장인이 있다면 즉시 컴퓨터를 배워야 한다. 나이 핑계는 대지 말라. 나는 작년에 나이 일흔인 어느 정치인 집에 끌려가 컴퓨터를 가르쳐 준 일이 있다. 열정적으로 컴퓨터를 배운 그는 요즘 자신의 홈페이지를 만들고 동영상 카드 이메일을 주변 사람들에게 날린다고 한다. IT 기기와 소프트웨어의 특징은 "하나만 제대로 배워 쓸 줄 알게 되면 다른 것들은 수월하게, 거의 거저 배울 수 있다"는 데 있다. 겁먹지 말고 당장 도전할 일이다.

비즈니스맨이 갖추어야 할 가장 중요한 요소 세 가지를 꼽으라고 하면 나는 인맥과 시간관리, 그리고 메모하는 습관을 꼽는다. 인맥과 시간관리의 중요성은 새삼스레 이야기할 필요조차 없고, 성공적인 삶을 살기 위해서는 메모하는 습관 또한 매우 중요하다. 이것은 거의 모든 발명가와 문호, 창의적이라고 알려진 사람, 아이디어 창고라고 칭송을 받는 사람, 대성한 CEO와 정치가 등 각 분야를 막론하고 성공을 거둔 인물들에게서 발견되는 유일한 공통점이기도 하다. 미국에서 2200만 명의 비즈니스맨이 애용한다는 유명한 프랭클린 플래너를 비롯하여 수많은 종류의 다이어리가 시판되고 있지만, 나는 시대의 변화에 맞춰 디지털 기기를 활용하라고 권하고 싶다. 독자들도 알다시피 메모한 것을 정리하고 분류하는 데, 그리고 수정과 검색에 있어 아날로그는 디지털의 상대가 되지 못하는 탓이다.

B주식회사 신입사원 한승동 씨는 신세대답게 디지털 카메라를 퍼스널 오거나이저로 활용한다. 한씨는 사람을 만나면, 일단 양해를 구하고 그의 얼굴을 찍어 두는데, 중요한 이야기를 나눌 때는 디지털 카메라의 녹음 기능도 활용한다. 이렇게 하면 다음에 만났을 때 얼굴을 기억하지 못해 당황하거나 실수할 일은 절대로 없다는 것이다. 받은 명함을 스캐너와 문자인식프로그램을 이용하여 텍스트를 데이터베이스화하는 사람도 있다. 자동차 영업사원인 한석희 씨는 고객의 명함에서 이름, 주소, 직책, 이메일 등의 필요한 정보만 취합하고 명함을 받은 날짜 · 장소 · 현 차종 · 구매 취향 · 대화 내용 등을 추가하여 데이터화한다. 이렇게 데이터베이스화된 고객 정보는 정리와 분류가 순식간에 이루어지므로 고객의 취향에 맞는 광고 · 홍보와 서비스가 가능해진다. 그리고 보관한 지 2년이 넘은 명함은 따로 분류하여 변경 사항을 전화로 또는 방문하여 갱신한다고 한다.

인맥과 시간관리와 메모, 이 세 가지를 한꺼번에 관리할 수 있는 장비가 바로 노트북과 PDA다. 노트북은 익히 알 테고 "PDA가 뭐지?" 하고 고개를 갸우뚱거리는 독자도 더러 있을 것이다. 개인정보단말기라고 불리는 PDA는 컴퓨터와 휴대전화, 그리고 다이어리를 합쳐 놓은 손바닥만한 디지털 기기라고 생각하면 된다. 휴대전화로 이용할 수도 있고 위성추적장치(GPS)와 도로정보망을 활용하여 모르는 길도 찾아갈 수 있다. 게다가 메모, 주소록, 전자책(e-book), 이메일 송수신, 일정 관리, 가계부, 워드프로세서, 스프레드시트, MP3 플레이어 등등 컴퓨터와 다이어리로 할 수 있는 거의 모든 기능이 가능하다. 물론 컴퓨터와 유·무선으로 데이터를 주고받을 수 있으며, 컴퓨터에 익숙한 사람은 하루 이틀이면 능숙한 사용자가 될 수 있다.

PDA는 마이크로소프트 운영체제를 사용하는 제품과 팜 운영체제를 사용하는 제품으로 나뉜다. 여러 업체에서 다양한 기능의 제품을 출시하고 있으므로 자신에게 필요한 기종이 무엇인지 검토한 후에 구입해야 한다. 인터넷 사이트를 이용하면 PDA에 관한 자세한 정보를 얻을 수 있다.

PDA는 대중교통을 이용하는 직장인의 자투리 시간을 효율적으로 활용할 수 있는 기회를 제공한다. 자유기고가로 활동하는 남규원 씨는 글쓰는 일을 하는 사람으로서 독서 시간이 부족해 걱정이었는데 PDA를 이용하여 지하철과 버스 등에서 전자책을 읽을 수 있게 된 뒤부터 이런 걱정을 덜게 되었다고 한다. 종이책처럼 들고 다니기가 부담스럽지도 않고, 메모리만 확장하면 수백 수천 권의 책도 가지고 다닐 수 있으므로 가히 걸어다니는 도서관이라고 할 수 있다. 신세대 직장인 이덕우 씨는 PDA를 다이어리로 활용하는 한편 영어회화 테이프를 컴퓨터에서 음성파일로 바꾸어 PDA에 넣고 다닌다.

재미삼아 하는 놀이일 수도 있겠지만, 같은 운영체제를 쓰는 PDA끼리는 명함도 무선으로 교환할 수 있다. "안녕하세요?" 하고 인사를 하며 동시에 서로 명함을 쏴보내는 것이다. 미국에서 방영된 PDA 광고를 보면 지하철에서 어떤 청년이 건너편 자리에서 PDA로 독서를 하고 있는 아가씨에게 문자를 날려 시쳇말로 '작업에 성공'하는 장면이 나온다.

인터넷 온라인 다이어리도 편리하게 이용할 수 있다. 들고 다닐 수는 없지만 우선 비용이 들지 않는다는 점이 마음에 든다. 이제 시간과 인맥 관리에 IT를 활용하는 것은 그럭저럭 하면 중간은 따라가는 것이 되었고 안하면 손해 막심한 시대가 되었다.

수시로 일본 본사와 이메일을 주고받는 일본계 T사 박상문 차장은 PDA를 사용하기 시작한 뒤로 "하루 2시간은 번 기분이다"라고 말한다. 주로 외근을 하는 박씨는 본사 이메일을 확인하기 위해 하루에 서너 번은 PC방을 들락거렸는데 문제는 차를 주차하는 데 20~30분을 허비하는 경우가 잦았다는 것이다. 요즘은 한적한 길가에 잠깐 차를 세우고 통화와 이메일은 물론 문서와 사진 자료까지 전송받아 일 처리를 할 수 있게 되었다.

그런데 제아무리 디지털 기기가 강력한 기능을 가지고 있다 해도, 중요한 것은 메모가 아니라 '메모하는 습관'이며 정보와 아이디어의 정리·분류가 아니라 '정리·분류하는 습관'이다. 주위를 둘러보면 노트북·PDA 등의 디지털 기기를 구입한 사람 중에 꾸준히 활용하는 사람은 3분의 1도 못 되는 듯하다. 대개는 신기해서 가지고 노는 수준에 머물다가 이내 연초에 구입한 다이어리처럼 책상 서랍에서 잠자기 일쑤인 것이다.

Tip | 주말 시간을 두 배로 만드는 6가지 생활 원칙

1. 주중에만 양심껏, 받는 만큼만 일하라.

주중의 일은 주중에 확실히 끝내라. 대신 주말에는 단호하게 일에서 떠나라. 주말 $2\frac{1}{2}$ 은 철저히 나만의 시간으로 만들어라.

2. 가장 긴급하고 중요한 일은 미루지 말라.

늘 시간에 쫓기는 사람들에게는 일을 미루는 버릇이 있다. 주중에 처리해야 할 업무들이 지연되면 주말 시간을 확보할 수 없다.

3. 꼭 하지 않아도 되는 일에 시간을 낭비하지 말라.

쓰레기통에 버리는 시간을 줄이면 주말에 놀이와 사랑과 자기 계발과 성찰에 더 많은 시간을 투자할 수 있다.

4. 지나치게 방대한 인맥은 과감하게 가지치기하라.

술자리와 부질없는 대화로 이어지는 '불필요한 만남' 은 시간 낭비이며 잦은 피로의 원인이다. 단호하게 "No"라고 말하라.

5. 정보 기기를 적극 활용하라.

첨단 기기를 이용하여 메모하고 정보를 활용하고 커뮤니케이션을 하면 많은 시간을 절약할 수 있다.

6. 메모하는 습관을 들여라.

작은 접이식 수첩을 늘 휴대하라. 수첩 왼쪽에는 긴급하고 중요한 일을, 오른쪽에는 긴급하지는 않지만 중요한 일을 적어 놓는다.

3장

내 삶을 바꾸는 주말,
104일의 혁명

MON · TUE · WED · THU · FRI · SAT · SUN

죄책감 없이

맘껏 놀자

_ 무조건 일에서 떠나라

_ 쉬고 노는 데도 기술이 필요하다

무조건 일에서 떠나라

휴(休), 휴식(休息), 휴일(休日), 휴가(休暇)······. '휴(休)'
란 과연 무엇인가? 상형문자 '休' 처럼 나무에 기대거나 나무 밑
에서 쉬고 있는 사람의 모습으로 휴식을 정의할 수 있을까? 휴식
이 단순히 육체적 · 정신적 피로를 풀기 위한 휴식, 다시 말해 일
에 종속된 개념으로서의 휴식이라면 이는 소중한 $2\frac{1}{2}$ 의 주말을
쓰레기통에 갖다 버리는 어리석은 짓이다. 가끔은 피로 회복을
위한 시간이 절실한 때도 있겠지만, 그렇더라도 진정한 휴식은
일로부터 육체적 · 정신적으로 자유로운 휴식이어야 한다.

피로에 지쳐 나무 그늘 밑에서 '休' 하고 있는 사람은 무슨 생
각을 하고 있을까? 그의 육체는 늘어져 있지만 정신은 숨가쁘게
일을 생각하고 있을 확률이 높다. 쉽게 생각해 보자. 당신 친구가

실연 때문에 괴로워한다면 곁에서 위로하는 것보다는 차라리 빨리 다른 애인이 생기도록 도와주는 편이 낫지 않은가? 일이든 실연이든 간에 'X를 잊는다'는 것은 'X 이외의 무언가에 몰입한다'는 것이다. 따라서 필자가 말하고자 하는 '休'란 나무 밑에서 하릴없이 늘어지는 것이 아니라 나무 밑에서, 나무를 붙들고, 나무에 기어오르며 무언가에 몰두하는 것을 가리킨다. 즉, 노동의 상대 개념으로서의 '休'는 바로 '놀이'를 뜻하는 것이다.

기왕 놀이를 할 바에는 신나고 재미있게 놀아야 한다. 인간은 누구나 자신의 과거와 미래, 현재의 일과 가족관계와 인간관계가 강요하는 고통에 중독되어 살아가고 있다. 그래서 다른 모든 것을 잊을 만큼 놀이에 몰입해야 한다. 그 몰입이 바로 휴식이다.

남미의 전설 가운데 사방에 호랑이 줄무늬가 그려진 감옥 이야기가 나온다. 벽면에 가득 찬 호랑이 줄무늬는, 호랑이 한 마리를, 끝없이 이어지는 호랑이 행렬을, 그리고 이 세상과 우주를 묘사하고 있다. 하루 종일 호랑이 줄무늬만 바라보아야 한다면 죄인은 어떻게 될까? 그 감방의 이름은 '반드시 미쳐서 나오는 방'이다.

워커홀릭, 즉 자신의 일과 그 일을 통한 성공이 자기 삶의 유일한 의미이고 오로지 일만으로 가족관계와 인간관계를 규정짓는 사람이 있다고 하자. 이런 사람이 오로지 호랑이 줄무늬를 통해 세상과 우주를 접해야 하는 죄인과 무엇이 다른지 나는 알지 못한다. 만일 당신이 일에 미쳐 있다면 반드시 놀이에도 미쳐야 한다. 그래야만 '반드시 미쳐서 나오는 방'에 갇힌 죄수처럼 되지 않는다.

여기 사과가 있다. 사과를 처음 본 어린아이가 사과라는 낱말의 뜻을 받아들이는 과정을 생각해 보자. 엄마가 어린아이에게 "이것은 사과다"라고 가르치지만 사과라는 낱말에는 사과의 진실을 표현하는 어떤 정보도 없다. 어린아이에게 사과는 자기가 가장 좋아하는 달콤한 '사탕이 아닌' 그 무엇일 뿐이다. 사과의 개념은 사과가 아닌 다른 것들과의 비교에서 비롯된다. 귤도 아니고 배도 아니고 포도도 아니고 참외도 아니고……. '다른 ○○이 아닌 어떤 것'이 바로 그 무엇이다.

이런 상호 비교 체제는 언어뿐만 아니라 인간과 사회가 만들어 낸 모든 개념을 규정한다. "인생이란 무엇인가? 당신의 인생은 무엇인가?" 당신이 이 질문에 대답하려면 다른 사람의 인생과 비교하는 수밖에 없다. '내 인생은 내 친구보다 내 상사보다 내 후배보다 어떻다'라고 규정하거나 "지금 내 인생은 나의 과거나 미래의 기대치보다 어떻다"라고 규정하는 것 외에 다른 방법이 있는가? 1미터가 0.9미터보다 길고 1.1미터보다 짧다는 비교 외에 1미터를 규정하는 개념이 있는가? 없다, 절대로 없다.

정상인이라는 개념은 무엇인가? 그런 개념은 없다. 정상인이란 개념은 미친 사람으로부터 나온다. 즉 미치지 않은 사람이 정상인이다. 그리고 미친 사람은 자신이 미쳤다는 사실을 결코 알 수 없다. 미치지 않은 사람만 미친 사람을 알아볼 수 있다. 미친 사람이 자신이 미쳤다는 사실을 깨달으려면 정상인이 되어 지난 날의 자신을 돌아보는 수밖에 없다. 당신의 삶은 어떠한가? 인생은 한 번뿐이며 돌이킬 수 없다.

따라서 당신의 일이, 당신의 인간관계가, 당신의 삶이 어떠한가를 직시할 수 있는 유일한 방법은 당신이 직접 다른 일을 해보고, 다른 인간관계를 맺어보고, 다른 삶을 살아보는 것뿐이다. 그리고 직장인에게는 주말 $2\frac{1}{2}$ 이 다른 삶을 살아갈 수 있는 유일한 기회를 제공하는 것이다.

$2\frac{1}{2}$ 의 시간은 미친 듯이, 일은 깡그리 잊고, 온몸의 피가 마구 돌아가는 놀이로 채워져야 한다. 피가 팍팍 돌아야 머리도 팍팍 돌아간다. 대부분의 위대한 발명은 불편과 불만에서 비롯되었다. 발명가의 창작품은 "이건 아니다"라는 현실을 부정하는 삐딱한 사고에서 비롯되는 것이다. 포드나 잭 웰치 등 성공했다고 하는 CEO들을 보면, 마치 삼성 이건희 씨의 "자식과 마누라만 빼고 모두 바꾸자"는 선언처럼, 누구도 상상하지 못하는 독창적인 발상을 내놓는 경우가 많다. 역시 위대한 CEO들은 창의성도 남다른 것인가? 꼭 그렇지는 않다.

이런 CEO들은 중요한 결정만 내릴 뿐 일에 매달리지 않는다. 예를 들어 이건희 씨는 꼭 필요한 날 외에는 회사에 나오지 않는다고 한다. 직원들이 회사의 현재에 대롱대롱 매달려 있는 동안

CEO는 회사의 미래나 전혀 다른 무엇을 생각하는 시간을 갖기 때문에 남다른 발상이 가능한 것이다. 이건희 씨가 점쟁이가 아닌 이상, 여러 유통경로를 거쳐 취합된 다양한 정보를 기준으로 "이대로 가면 안 된다. 자식과 마누라만 빼고 모두 바꾸자"라는 판단을 내렸을 것이다. 만일 이건희 씨의 판단이 옳다면, 그런 생각을 꿈에도 해보지 못한 직원들과 이건희 씨의 차이는 정보의 신빙성보다는 정보의 다양성에서 찾을 수 있을 것이다. 다양한 유통경로를 거쳐 '바꿔야 산다'는 정보가 일관성 있게 들어온다면 '바꾸자'는 결정을 미룰 까닭이 없지 않은가.

판단력에 있어서 직원과 CEO의 차이는 정보 유통경로의 다양성에서 확연하게 드러난다. 국내는 물론 세계 각국의 경영자, 학자, 정치인, 기술진, 언론과 맺어진 CEO의 다양한 인맥은 직원의 인맥과는 비교조차 되지 않는다. 앞서 잠깐 언급했지만 필자가 강조하는 인맥관리·인간관계의 핵심은 '최대의 다양성, 최소의 양'이다.

당신의 일을 위한 $4\frac{1}{2}$은 일을 위한 인맥을 관리하고 가동하는 시간일 것이다. 그러나 주말 $2\frac{1}{2}$은 놀이를 통해 인맥의 다양성을 넓히는 시간이어야 한다. 같은 일에 미친 사람끼리의 경쟁은 반목을 불러일으키기도 하지만, 놀이에 미친 사람끼리의 경쟁은 친분을 두텁게 만든다. 그 관계를 통해 당신은 아주 새로운 정보를 접할 수 있을 것이다.

쉬고 노는 데도 기술이 필요하다

지난 해, 나와 안면이 있는 A기업 총무부 김모 과장이 어느 날 아침 갑자기 세상을 떠났다. 일주일 동안 한국을 방문한 외국 제휴사 간부들을 뒷바라지하며 과로한 것이 사망 원인이라고 추정하는데, 이제 41세 된 사람이 겨우 일주일 동안 과로했다고 세상을 떠난다는 말인가? 우리나라에서는 이런 주검에 대해 부검을 잘 하지 않지만, 외국의 보고에 의하면 누적된 피로에 의한 협심증, 심근경색증, 심장판막증 등의 심장질환과 뇌졸중이 갑작스러운 사망 원인의 대부분이라고 한다. 한국산업안전공단에 따르면 과로사로 보아야 할 뇌심혈관계 질환으로 사망하여 산업재해 인정을 받은 사람들의 수가 매년 10%씩 꾸준히 증가하고 있다고 한다. 최근에는 30대도 과로로 사망하는 경우가 적지 않다고 하니 놀라울 따름이다. 의사는 김모 씨의 가족으로부터 "하루에 5시간 이상 잠을 자는 날이 드물었다"는 이야기를 듣자 "반복된 수면 부족이 그를 죽음으로 몰아갔을 것이다"라고 말했다고 한다.

일하기 위해서는 쉬어야 한다. 그런데 사람들은 쉬는 시간의 대부분을 잠으로 보낸다. 대개 일생의 20년 가량은 잠으로 보낸다고 하는데, 따지고 보면 일하는 시간보다 잠자는 시간이 더 많은 셈이다. 20대에는 며칠 잠이 부족해도 큰 문제가 없지만 30대 이후에는 평소보다 잠을 한 시간 덜 자면 다음날 업무 수행 능력이 3분의 1이나 감소된다는 통계도 있다. 또한 일반적으로 수면 시간이 하루 6시간 미만이면 업무 수행 능력이 떨어지고 사망의 위험이 증가한다고 알려져 있다. 반복되는 수면 부족으로 인한 피로와 업무 수행 능력의 감소는 결국 시간을 효율적으로 사용하지 못하게 만들고 자신의 경쟁력을 약화시키는 결과를 낳는다. 수면 부족은 일에서 기인하는 것이든 생리적인 불면이든 반드시 해결해야 할 과제다.

나는 지금껏 날마다 피로에 찌들어 일하는 사람 중에 성공한 사람을 만난 기억이 없다. 성공한 이들 중에 가혹 "나는 하루에 3, 4시간만 잤다"고 말하는 사람이 있는데, 나는 이를 다음 두 가지로 풀이한다. 하나는 원래 체질적으로 잠이 없는 경우(이런 사람이 의외로 많다)와 다른 하나는 죽느냐 사느냐의 위기 때 또는 절호의 기회를 만났을 때 단기간 그렇게 했다는 뜻이다. 잠을 줄여서 시간과 경쟁력을 얻겠다는 것은 가장 미련한 방법이다. 잠잘 시간이 부족할 정도라면 과감하게 업무를 조정해야 하며 생리적 불면이라면 당장 병원에 가야 한다. 피로를 길들이거나 피로에 길들여지지 말아야 한다. 피로에 익숙해지면 결국 도태와 사망에 이르게 된다.

쉬는 데도 기술이 있다. 그 기술 중의 하나로 나는 '환기(換氣)'를 꼽는다. 사람은 죽었다 깨어나도 환경의 지배에서 벗어날 수 없는 동물이기 때문이다. 그런데 탁하고 복잡한 도심에서 환기를 해봐야 그 공기가 그 공기일 터, 환기의 가장 알맞은 장소는 모든 생명의 고향인 물과 숲일 것이다.

지난 해 나는 아내와 아이들의 성화에 못 이겨 경기도의 모 스파에 간 적이 있다. '스파'라는 말은 벨기에의 스파우(SPAU)라는 작은 마을 이름에서 유래되었다고 하는데, 이 마을에서 나는 광천수가 질병 치료 효과가 있다는 소문이 나면서 많은 사람들이 몰려 유명해졌다는 것이다.

아무튼 할 일을 산더미처럼 쌓아놓고 여행을 떠나는 내 심정은 착잡하기만 했다. 그런데 (내가 보기엔 엄청나게 커다란 목욕탕인) 스파는 그야말로 그 동안 보지도 듣지도 못한 서비스로 넘쳐났다. 물살로 마사지를 하고 이름 모를 풀과 한약재를 풀어 넣은 물에 목욕을 하다 보니 나 자신도 놀라우리만큼 스트레스가 풀리는 것이 아닌가. 진짜 스파의 효능 때문인지 아니면 '에라 모르겠다. 여기까지 와서 일 걱정 해봐야 무슨 소용이 있나?' 하는 배짱이 생겨서인지 일에 대한 걱정마저 사라져 버렸다. 내친김에 우리 가족은 그 스파에서 가까운 휴양림에서 하루를 더 묵기로 했다. 마침 날씨도 온화하여 소나무 숲에서 보낸 한나절은 그야말로 뼛속까지 시원해지는 청량감 그 자체였다.

덕분에 사흘 푹 쉬고 머리가 맑아져서인지 일도 예상한 시간보다 더 빨리 마칠 수 있었다. 일을 마무리짓고 나서 스파가 몸에 얼마나 좋은지 휴양림 소나무의 어떤 성분이 살균을 하고 건강에 이로운 것인지 그에 관한 기사를 인터넷에서 찾아보려다가 그만두었다. 스파가 제아무리 좋다 한들 죽은 사람을 살릴 것이며, 휴양림 소나무가 불치병을 치료하겠는가? 중요한 것은 일로부터 떠나 있었던 시간이 아닌가.

"피로를 관리하라"고 떠들고 다녔던 나조차 말로만 휴식과 환기의 중요성을 강조했지 실천은 못하고 있었던 것이다. 그 일을 계기로 일로부터 벗어나려면 물리적인 거리를 유지해야 한다는 것을 비로소 깨닫게 되었다. 시선이나 손이 닿는 곳에 일거리를 쌓아두고는 마음껏 쉬기 어렵기 때문이다. 능률이 오르지 않고 생각이 꼬인다면 대개 일로부터 떠나라는 육체의 명령이 떨어진 것이다. 때론 36계 줄행랑이 휴식의 최고의 기술이다.

몸과 마음의 피로를 시원하게 날리는 스파

스파란 물의 열 · 부력 · 마사지를 이용해서 인체의 혈을 자극함으로써 스트레스를 해소하고 병을 치료하거나 예방하는 시설을 말한다. 물에 소금, 해초, 그리고 진흙 등의 다양한 첨가제를 넣으면 사람의 생리적 · 심리적 기능을 강화시키는 데 도움이 된다. 또한 스파는 지방과 유독 물질을 분해하여 인체가 노폐물을 배출시키도록 함으로써 피부 이완과 보습, 인체기능 자극 등의 효과가 있다. 스파의 가장 기본적인 예로 사우나와 온천장이 있다.

• **추천할 만한 국내 스파 휴양지**
- 하얏트 리젠시 제주 '아쿠아 뷰' (www.hyattcheju.com)
- 파라다이스 호텔 부산(www.paradisehotel.co.kr)
- 오션캐슬 아쿠아월드(www.oceancastle.co.kr)
- 설악 워터피아(www.hanwharesort.co.kr)
- 오색 그린야드 호텔(www.greenyard.co.kr)
- 아산 스파비스(www.spavis.co.kr)

• **스파 센터**
- JW 메이러트 '마르퀴스 테라피 센터' (www.jw-marriott.co.kr)
- 스킨&스파(www.besclub.co.kr)
- 바디샵 웰빙 스파(www.thebodyshop.co.kr)

전화를 끄면

소중한 사람이
보인다

_ 두꺼비집을 내리고 사람을 느껴보자

_ TV를 끄면 가족이 보인다

_ 접속 대신 접촉의 시간을 갖자

두꺼비집을 내리고 사람을 느껴보자

1999년, 다니던 회사를 명예 퇴직한 정인철 씨는 (본인 말로는 홧김에) 가족을 데리고 유럽 여행을 떠났다. 그 여행 코스 중 하나가 '스페인 원시시대 체험'이었다. 성냥 없이 불을 피우고 동굴 속에서 잠을 자는 이 특이한 여행 상품은 스페인의 선사시대 유적이 발견된 아타푸에르카 삼림지대에서 10만 년 전 원시인들의 삶을 똑같이 체험하는 것이었다.

참가자들은 가장 먼저 나뭇가지와 풀, 진흙으로 자신이 일주일간 묵을 오막살이를 짓는다. 그 다음 나무 막대기를 비벼 불을 피우는 방법을 배우고 돌을 깎아 도끼나 화살촉을 만드는 기술도 배운다. 참가자들은 식물뿌리를 갈아 만든 빵이나 쐐기풀 수프를 먹고, 동물 가죽을 얼기설기 기운 옷을 입고 지낸다. TV나 라디오는 물론 전깃불조차 들어오지 않는다.

돈을 내고 고생을 사서 하는 셈이지만 그 체험에 참여하려는 대기자가 엄청나게 늘어서 있다고 한다. 정인철 씨는 "처음 하루 이틀은 문명의 이기 없이 내버려진 내가 얼마나 무기력한지를 깨달았다. 그러나 체험이 끝났을 때는 문명의 이기가 나를 무기력하게 만들었음을 깨달았다"고 이야기했다. 그리고 정씨와 그의 가족은 "이제 우리 가족은 어디에 내버려져도 죽지 않고 살아갈 수 있을 것 같다. 나는 뭐든 할 수 있다"는 자신감을 얻은 것이 유럽 여행 최고의 소득이라고 입을 모았다.

주부 신모 씨는 "놀이터에 설치된 CCTV로 아이들이 노는 모습을 볼 수 있다"는 친구 이야기에 끌려 서초구 D아파트를 선택했다. 다섯 살배기 사내아이가 밖에서 놀다가 다칠지도 모른다는 불안감을 해소할 수 있다는 희망을 품고 이사온 지 이틀 만에, 신씨는 '놀이터 중계방송'을 보지 않기로 했다.

신씨 아이가 다른 아이와 싸우는 장면을 보고 뛰쳐나갔는데 마침 다른 아이 엄마도 CCTV를 보고 뛰어나왔던 것이다. 아이들은 이내 싸움을 멈추었지만 이번엔 아이들 얼굴에 난 손톱자국을 보고 흥분한 두 엄마가 싸우기 시작했다. 아파트 경비원이 뜯어말리고서야 겨우 아이 손을 잡고 집으로 돌아온 신씨는 문득 '조금 전의 싸움을 다른 사람들이 시청했겠다'는 생각이 들어 얼굴이 화끈 달아올랐다고 한다. 아니나다를까 잠시 후 "왜 그랬냐?"

고 묻는 친구의 전화를 받았다. 1년이 다 되어 가는 요즘도 신씨는 누가 자기를 보고 미소를 지으면 '저 사람도 그걸 봤나?' 하는 생각에 외출하기가 불편하다고 한다.

요즘은 학원이나 유치원 교실에도 CCTV가 설치되어 부모가 아이를 관찰할 수 있다. 하루 24시간 내내 자식을 지켜보고 싶은 부모 마음이야 다 똑같겠지만 감시당하는 아이들의 인권은 어떻게 되는가. 인권만 문제가 아니라 그런 감시에 길들여진 아이들은 감시와 억압이 없으면 제 스스로 아무것도 하지 못하는 수동적인 인간으로 변하게 된다.

요즘 휴대전화가 없는 사람은 두 부류다. 하나는 돈이 한푼도 없거나 다른 하나는 더 이상 벌어들일 필요가 없을 만큼 돈이 많은 사람이다. S주식회사 영업사원 안정근 씨는 "내 소원은 부자가 되는 것이다. 그러면 제일 먼저 핸드폰을 밟아 뭉개겠다"고 이를 악문다.

전화가 나온 뒤로 우리는 점점 더 많이 싸우게 되었다. 휴대전화가 생긴 뒤로 우리는 점점 더 많이 일하게 되었다. 모든 문명의 이기는 편리함과 신속함을 제공하고 우리에게 "더 많이, 더 빨리 일하라"고 강요한다. 컴퓨터가 일반화된 1990년대의 10년 동안 미국 사무직의 업무 처리 능력은 2~4배로 향상되었지만 월급은 제자리걸음을 하고 있다. TV도 "더 많이 일하고 더 많이 벌라.

그래서 더 많이 써라"고 부추기기는 마찬가지다. 굳이 "연속극 같은 데서 교묘하게 소비풍조를 조장한다"는 따위의 말을 들먹이지 않더라도 상품 광고의 절반 이상이 TV를 매체로 한다는 사실 하나만으로도 명백한 증거가 아닌가.

하루 종일 러시아워인 서울의 운전자는 자동차 부속품의 하나일 뿐이다. 그리고 자동차가 있기에 주말이면 거의 의무적으로 어디론가 떠난다. 열심히 일한 당신이 떠나는 그 길에서도 여전히 차는 막힌다. 그렇다고 문명의 이기를 거부할 수 있는가? 그것은 불가능하다. 휴대전화 없는 영업사원은 벙어리 또는 귀머거리나 마찬가지다. 재래시장이 할인마트로 통폐합된 요즘 자동차 없으면 장도 제대로 볼 수 없다. TV 없이 한 달만 지내 보라. 직장에서, 계모임에서 친구들과의 대화가 불가능하다. 요즘 "○○○처럼"이란 말은 TV에 등장하는 연예인의 행동거지, 몸매, 옷, 집, 가구, 헤어스타일, 액세서리에서 비롯된 것이다.

그래도 잠깐 동안은 문명의 이기를 떠날 수 있다. 하루 종일 전화통에 불이 나는 사람에게도, 택시 빰치게 주행거리 찍는 사람에게도, 눈이 빠지도록 모니터를 들여다봐야 하는 사람에게도 주말이 있지 않은가.

홍수로 나라가 발칵 뒤집혔던 2002년 여름 어느 저녁, 갑자기 전기가 나갔다. 한 시간쯤 정전이 되었을까. 처음에는 사람들이 아파트 복도로 몰려나와 웅성거렸다. 연속극과 혼연일체가 되어 있다가 정전이 되어서인지 어느 아주머니는 경비원에게 삿대질을 하며 고함을 지르기도 했다.

그러나 시간이 흐르면서 건너편 아파트 집집마다 촛불이 하나둘 켜지고 거실 창문 너머로 가족들이 둘러앉아 이야기를 나누는 장면을 볼 수 있었다. 가끔 복도에 나와 건너편 아파트를 바라보지만 그렇게 따뜻하고 평화스럽게 보인 날은 그날뿐이었다. 다시 불이 들어오자마자 평화는 깨졌고, 아파트는 삭막하고 어수선한 제 모습을 드러냈다.

문명의 이기를 얻고 우리가 내어준 것 중에 '사람'이 있다. "가족간에 대화가 없다"고 투덜대기 전에 문명의 이기에 갖다 바친 시간을 가늠해 보라. "이야깃거리가 없다"는 푸념을 하기 전에 문명의 이기에 빼앗긴 정신을 돌아보라.

주말만이라도 문명의 이기를 멀리하라. 두꺼비집을 내리면 된다. 원시시대에는 일과 놀이에 있어서 사람이 유일한 콘텐츠였다. 두꺼비집을 내리는 하루만큼은 사람이 보일 것이다.

TV를 끄면 가족이 보인다

『애들아 아빠랑 놀자』의 저자 서진석 씨는 "TV만 꺼도 좋은 아빠 역할의 절반은 한 셈이다"라고 말한다. 미국 웰 맥스 예방의학 센터의 대니얼 코스그로부 박사는 "주당 TV 시청 시간 40시간을 경계로 당뇨병 발생률이 3배 이상 차이가 난다"고 주장한다. 『텔레비전을 버려라』의 저자 마샬 맥루한은 "TV를 없애지 않고 개혁하는 것은 무기를 버리지 않고 세계평화를 바라는 것과 같다"고 이야기한다. 그렇지만 누가 무슨 말을 해도 소용없다. 실로 TV의 유혹은 식욕과 성욕에 버금간다. 내 주변에 "TV 없이 살겠다"고 호언장담한 가정이 여럿 있었지만 한 달을 넘긴 집은 하나도 없다.

대학 강사 임창도 씨도 올 봄에 TV 버리기를 시도한 적이 있다.

주변 사람들로부터 지독한 금단 현상에 대한 충고를 들은 임씨는 TV를 버리면서 서점에 들러 책을 사고, 산악 자전거도 들여놓고, 앞으로 모든 집안일을 손수 하겠다며 멋진 공구세트도 구입했다. 그렇게 해서 겨우 버틴 기간이 한 달이다. 결국 29인치 배불뚝이 TV가 평평한 디지털 TV로 바뀐 것말고는 다시 옛날로 돌아갔다.

이유는 분명하다. 우리가 알고 있는 세상은 사실상 TV가 만들어낸 가상현실이기에, 사람이 TV를 버리는 행위는 세상에서 버림받음을 뜻하기 때문이다. 실로 오늘날의 TV는 우주의 중심이다. 주로 지식인층이 TV를 내다버리고 싶은 충동을 자주 느끼는데 그것은 어리석은 감정일 뿐이다. 여기에는 두 가지 이유가 있다. 첫 번째는 곧 다시 TV를 구입하기 위해 돈을 써야 하기 때문이고, 두 번째는 현실감각이 떨어짐으로써 다른 사람들과 대화하기가 어려워지기 때문이다. 우리를 둘러싼 현실은 TV가 만든 것이므로 반드시 TV를 봐야 하는 것이다.

"우리가 이라크 전쟁에 대해 알고 있는 사실은 CNN이 만들어낸 것이다"라고 CNN을 비판하는 사람이 많다. 그 비판은 옳다. 그러나 CNN을 통해 바라본 이라크 전쟁도 사실이다. 왜냐하면 CNN의 보도에 따라 이미 세상은 돌이킬 수 없이 움직였기 때문이다. 옳은 것만 사실이 아니라, 마치 엉터리 여론조사 결과가 다음 여론조사에 영향을 미치듯 억지로 사실이 된 것도 틀림없는 사실이다. 세상을 움직이는 힘에는 선도 있고 악도 있지만 중요한 것은 '세상이 움직였다'는 결과다.

결국 TV가 자신에게, 그리고 자신의 가족에게 어떤 영향을 미치는가를 알고 어떻게 대처하는가가 중요하다. '바보상자'라고 부르는 TV와 TV 시청자에 대한 조롱은 이제 식상한 비유가 되었다. TV가 주는 대로 받을 수밖에 없는 시청자는 매우 수동적이다. 슬프면 울고 웃기면 웃고 재미없으면 채널을 돌린다. 그렇게 '아무 생각 없이 본다'고 하여 바보상자라고 하지만 사실 잘못된 판단이다. 깨어 있는 한 누구도, 잠시도 생각을 멈출 수는 없다. '시청자가 TV를 보며 무슨 생각을 하는가'를 알아야 한다. 그 전에 먼저 'TV가 무엇을 파는가?'를 알아야 한다.

TV는 신화를 판다. 최고경영자, 가수, 영화배우, 천재 과학자, 스포츠 스타, 전쟁 영웅……. TV는 이들의 삶, 정확하게 말하면 대중에게 노출된 '공적인 삶'을 각색하여 우리에게 드높은 지표로서 제시한다. "보라, 이 눈부시도록 성공적인 인생을!" TV 속의 신화적인 사랑 앞에서, 탤런트의 신화적인 미모 앞에서, TV 속의 신화적인 비극 앞에서, 시청자의 일상은 비루하기 짝이 없다. TV 속의 성공과 사랑과 분노와 비참함은 그 자체로 완벽하다. 신화 앞에서 감히 누가 입을 떼겠는가? 그 앞에서 가족끼리 무슨 이야기를 나눌 수 있겠는가? 슬픔에 잠겨, 기쁨에 겨워, 가슴이 북받쳐 올라, 치를 떨며, 그저 바라보기만 할 뿐…….

TV가 만들어낸 가상현실과 시청자가 살아가는 일상의 거리가 멀수록, 이를테면 탤런트의 미모가 비현실적일수록, 비극이 끝간데 없이 처참할수록 시청률은 올라가고 광고가 달라붙는다. 방송 사간의 경쟁은 '현실로부터 멀어지기'의 달리기 시합이다. 그리고 우리 일상의 삶, 다시 말해 실제현실은 TV가 만들어낸 가상현실을 숨가쁘게 추격한다. 따라잡기만 하면 좋겠는데, 거리가 가까워지지 않거나 오히려 더 멀어지면 시청자는 착란을 일으킨다.

그래서 바보상자다. 생각은 가상현실에 가 있고 몸은 구차한 일상에 머물러 있는 바보, 그 극단적인 예가 높은 곳에서 뛰어내리는 어린이다. 착란을 일으킨 어린이는 반드시 슈퍼맨처럼 날개나 망토 비슷한 천을 등에 매달고 뛰어내린다. 명품 사들이다가 카드가 '빵꾸' 난 어른의 착란은 증세가 좀더 심하다. 말썽은 가상현실과 실제현실 간의 거리에서 비롯된다.

당신의 주말, 일주일의 이틀만큼은 TV를 꺼라. 주말은 나 자신에게, 가족에게, 다시 말해 진짜 현실로 돌아오는 시간이다. 물론 인생을 성공으로 이끄는 힘도 현실과 이상 간의 거리, 즉 실제현실과 가상현실 간의 거리에서 비롯된다. 자포자기, 과욕처럼 인생을 망치는 힘 또한 그 거리에서 비롯된다. 그러나 현실과 이상 간의 거리를 조정하고 이상을 숨가쁘게 따라잡으려는 노력은 일하는 동안이면 충분하다. 주말에는 현실로 돌아와 거리를 잊을 필요도 있다. TV를 꺼야 비로소 자기 자신이 보인다. 그리고 가족이 보인다. 눈에 보여야 대화든 싸움이든 사랑이든 할 수 있지 않은가.

접속 대신 접촉의 시간을 갖자

2001년 겨울, 30대 중반의 김정남 씨 부부는 5년 동안 사용해 온 휴대전화를 해약했다. 향료 수입 업체를 휴대전화 없이 경영하려면 무척 불편할 터인데도 김씨는 과감하게 결단을 내렸다. 그는 "외국은 이메일로 통하면 되고, 하루 종일 사무실에 붙어 있는 내가 굳이 휴대전화 쓰면서 돈 버릴 필요 없다"고 둘러댔지만, 나중에 진짜 이유를 알게 되었다. 가끔 휴대전화를 꺼두는 아내를 의심한 김씨가 아내와 심하게 다투면서 파경의 위기까지 다다랐던 것이다.

"아내와 한 달 넘게 옥신각신하면서 새삼 깨달은 것이 있어요. 언제부턴가 아내에게 건성으로 대충대충 이야기하는 버릇이 생겼다는 것을요."

김씨 아내에게도 불만은 있었다. 예전에는 집에 돌아오면 밖에서 있었던 온갖 일을 이야기하며 자랑도 하고 엄살도 부리던 친구 같던 남편이 서서히 돌부처로 굳어가더라는 것이다. 김씨는 두 사람의 문제를 이렇게 진단했다.

"휴대전화 때문이죠. 휴대전화로 시도 때도 없이 거기 어디냐, 지금 어디 있다. 오늘 어디 들렀다 간다, 몇 시에 들어간다, 밥 먹었냐 따위의 쓸데없는 통화를 하다가, 전화기가 꺼지면 불안해하고 의심하고……. 그런데 막상 집에 돌아오면 서로 할 이야기가 없었던 겁니다."

얼마 전 김씨에게 들은 바로는 "처음에 좀 불편했을 뿐 요즘은 휴대전화가 없으니 세상 편하다"고 한다.

1999년 필리핀의 어느 교도소에서 자신의 세 딸을 성폭행한 부동산업자 에두아르도 아그바야니의 사형이 집행됐다. 사형이 집행되기 5분 전, 조지프 에스트라다 대통령이 수석비서관에게 "사형 집행을 중지하라"고 지시했지만 교도소 전화는 계속 통화 중이었고, 몇 분 뒤 통화가 이뤄졌을 때는 이미 사형수가 사약을 받은 뒤였다. 사형수의 영혼이 시신을 빠져 나오며 "젠장, 몇 분만 빨리 통화했어도……"라고 중얼거렸을까? 어쩌면 "도저히 용서할 수 없다"는 신의 뜻에 따라 통화는 애초에 불가능했던 것일까?

우리는 가끔 망나니의 칼춤과 "집행을 중지하라"는 어명을 전하러 달려가는 파발마가 팽팽한 긴장을 이루는 사극을 본다. 이럴 때 통신수단은 그야말로 생사를 가르는 막중한 존재다. 하지만 통신수단이 한 개인의 운명을 가르는 경우는 로또 당첨만큼이나 드문 일이 아닐까?

최초의 대중 무선통신 기기인 삐삐가 전국을 울릴 무렵 한 통신회사에서 "삐삐가 가장 요긴할 때는 언제인가?"를 묻는 조사를 했다. 1위는 급히 "오늘 약속을 취소하자"는 메시지를 보낼 때였고, 2위는 "이제 그만 헤어지자" 또는 "오늘 돈 못 갚겠다" 등의 곤란한 말을 전할 때라고 했다. 오호라, 첨단 통신 기기가 가장 요긴한 순간이 겨우 사람과 얼굴을 마주하기 싫거나 말하기 민망할 때란 말인가? 통신의 발달은 사람과 사람 사이를 어떻게 변화시켰는가? 더 가깝게? 아니면 더 멀게? 통신 기기는 사람과 사람 사이를 갈라놓은 지리적 한계를 무너뜨렸다.

미국 보스턴 대학 커뮤니케이션학과 김주환 교수는 "디지털 미디어의 궁극적인 목표는 (마치 안경처럼) 사람 몸의 일부, 몸의 기관이 되는 것이다"라고 말한다. 휴대전화는 사람의 감각기관을 대신하여 오감의 한계를 뛰어넘을 수 있도록 도와준다. 이를테면 휴대전화에 달린 카메라는 또 하나의 눈이 되고, 멀리 있는 사람의 목소리도 들을 수 있는 제3의 귀가 되어준다. 현대인이 TV와 인터넷을 통해 세상과 만나듯, 우리는 휴대전화라는 새로운 감각기관을 통해 세상 사람들과 만난다.

그런데 휴대전화에 전화번호 저장 기능이 장착된 뒤로 사람들이 외우고 있는 전화번호가 평균 5분의 1 이하로 줄어들었다고 한다. 단축번호 기능을 능수능란하게 활용하는 사람들 중에는 가끔 자기 집 전화번호를 잊어버리는 사람도 있다. 이 새로운 감각기관은 바로 이런 식으로 그 동안 사람과 사람을 연결하던 오감을 퇴화시킨다. 예전에는 개인과 개인이 오감을 통해 정서로 연결되었는데 오늘날 한 사람의 개인은 무선통신 네트워크망의 단말기에 더 가깝다. 결국 휴대전화는 지리적 거리를 극복한 대가로 사람들간의 정서적 거리를 벌려 놓은 셈이다.

형식적인 안부, 공허한 관심, 쓸데없는 의심……. 비즈니스 관계가 아닌 이상 오래된 부부나 애인끼리의 통화 내용이란 대개 이렇다. 즉, 전화는 전화일 뿐 정서 교환은 오감을 통하지 않고서는 제대로 이루어지지 않는다. 외국 정기간행물 통신판매업을 하는 박승완 사장은 "전화 상담과 방문 상담 간의 계약 성공률은 거의 20배 이상 차이가 난다. 상담한 시간과는 무관하다. 고객과 얼굴을 맞대느냐 아니냐의 차이다"라며 오감 영업을 강조한다. 습관이나 어떤 호비심에서 비롯된 통화는 형식적인 대화, 정보 쓰레기, 공허한 교류를 증가시킨다. 그래서 통화를 자주 하는 사람들끼리는 서로에 대해 아는 것도 많고 또 비밀이 없기를 바라지만 그렇다고 제대로 아는 것도 없다.

이것의 대표적인 예가 바로 "우리 애는 그럴 애가 아니에요"라고 말하며 기겁하는 부모와 자식의 관계다. 자식 망가진 것을 부모가 가장 늦게 안다는 사실은 공허한 접속이 반복되면서 비밀도 없고 아는 것도 없는 오늘날 인간관계의 모습을 잘 보여주는 예다.

시각이나 청각과 달리 전화는 지치지도 않고 피곤한 줄도 모른다. 충전시키고 요금만 내면 언제나 네트워크에 접속되어 있다. 그러나 끝없이 무언가를 보아야 하거나, 끝없이 무언가를 들어야 한다면 사람의 정신은 온전할 수가 없다. 쉼 없는 접속은 가족과 친구와 애인과의 정서적 거리를 오히려 멀어지게 만든다. 접속은 직접 접촉하고 싶은 욕망을 희석시키기 때문이다.

15평 좁은 공간에 갇힌 채 인터넷 하나만 가지고 100시간을 넘게 버티는 '체험! 인터넷 서바이벌 99' 이벤트의 베스트 서바이버로 선정된 60대의 모 교수는 신문과의 인터뷰에서 "인터넷만 있어도 먹고 사는 데는 불편함이 없다. 하지만 인간의 삶이 먹고 사는 것만으로 끝나는 것이 아니다. 사람과의 단절이 더 큰 슬픔이었다"고 말했다.

전원생활에 관심이 많은 나는 가끔 근교의 전원주택 단지를 둘러보는데, 또래가 많은 단지에서 인터넷과 게임에 중독된 어린이가 있다는 이야기는 들어보지 못했다. 고독을 견디지 못하는 데는 아이와 어른이 따로 없다. 청소년들 사이에 휴대전화가 폭발적으로 늘어난 까닭은 형제와 친구라는 횡적 유대가 사라졌기 때문이다. 형제가 있고 친구가 있어도 함께 놀이하며 유대를 끈끈하게 다질 시간이 없기 때문이다. 접촉이 사라졌기 때문이다. 그래서 줄창 휴대전화와 인터넷을 붙잡고 공허한 접속에 매달리는 것이다.

이동통신사 광고 중에서도 떨어져 사는 부모에게 자주 통화하는 자식을 효자로 내세운 광고는 가장 악랄한 속임수다. 왜냐하면 자식이 보내 준 휴대전화로 자주 통화하는 부모는 점점 더 자식 얼굴 보기가 어려워질 것이기 때문이다. 공허한 접속이 잦아질수록 서로의 정서적 거리는 점점 더 멀어지는 것이다.

이제 휴대전화는 현대인에게는 피치 못할 '제6의 감각기관(sixth sense)'이 되었다. 그러나 가끔은 아니면 주기적으로 휴대전화든 인터넷이든 디지털 미디어를 통한 단말기들과의 접속을 중단해야 한다. EQ의 시대를 살아가는 사람이라면 무엇보다도 오감이 퇴화하는 것을 막아야 하기 때문이다. 대부분의 결정적인 판단에는 논리가 통하지 않는다. 오감에 의지할 수 있을 뿐이며, 접속을 중단해야 접촉이 가능하다.

최소한 주말에는 인터넷이든 전화든 접속을 중단하라. 그러면 눈으로 보고 귀로 듣고 손으로 만질 수 있는 진정한 친구가 보일 것이다. 주말은 대화의 통로를 다시 옛날로 돌려놓는 시간이 되어야 한다. 주말과 휴가는 접속이 아닌 접촉의 시간이 되어야 한다.

각 고장에서 예로부터 전해 오는 여러 가지 전통문화와 놀이들을 직접 체험할 수 있는 곳으로 전통테마마을이 있다. 현재 전국 각지 산 좋고 물 좋은 27곳에 테마마을이 만들어져 있는데 소박하고 정겨운 시골의 향취를 느끼며 가족들과의 즐거운 시간을 만끽하기에 안성맞춤이다. 웹사이트 농촌전통테마마을(http://go2vil.org)에 들어가 보면 각 마을의 모습과 체험 프로그램, 특산물 등 여행에 필요한 각종 정보들이 마을별로 자상하고 상세하게 소개되어 있다.

· **경기/강원/제주도**

강화 용두레 마을	화성 은행나무 마을
이천 자채방아 마을	안성 미리내 마을
고성 소똥령 마을	인재 냇강 마을
북제주 아홉굿 마을	남제주 어멍아방잔치 마을

· **충청남도/충청북도**

제천 산야초 마을	생거진천 화랑촌
태안 볏가리 마을	청양 가파 마을
홍성 거북이 마을	금산 홍도인삼 마을

· **경상남도/경상북도**

산청 남사예담촌	의령 산천렵 마을
구례 다무락 마을	울진 양떡 마을, 음떡 마을
김천 옛날솜씨 마을	경주 옥산세심 마을

· **전라남도/전라북도**

광양 도선국사 마을	남해 다랭이 마을
여수 돌산갓장터마을	군산 뜰아름 마을
완주 디지털산내골	남원 달오름 마을

몸이 움직여야
마음도
움직인다

_ 즐겁지 않으면 운동이 아니다

_ X게임에 도전해보자

_ 마음은 몸의 건강을 따라간다

즐겁지 않으면 운동이 아니다

요즘 '몸짱'이란 단어가 일반인들 사이에서도 익숙해지면서 운동을 시작하는 사람이 부쩍 늘었다. 하지만 약도 제대로 써야 효과를 보듯 운동도 몸에 맞게 해야 건강에 도움이 된다. 자신의 나이와 체력에 맞는 운동을 찾아 꾸준하게 하는 것이 중요하다. 뜀박질 한번 하지도 않던 사람이 느닷없이 몸짱이 되겠다고 무리하면 자칫 심장마비 같은 화를 부를 수도 있는 것이다.

20~40대 초반은 신체적으로 가장 활력이 넘치는 시기인 동시에 반대로 노화가 시작되는 시점이기도 하다. 따라서 자신이 육체적·지적 능력을 최대한 끌어올리기 위해 꾸준히 노력함과 동시에 노화 예방에도 관심을 기울여야 한다. 이 시기에는 조깅, 자전거, 수영, 테니스, 스쿼시 등을 권장한다. 또 중량을 이용한 근

력운동을 꾸준하게 하는 것이 좋고 근력운동은 일주일에 2~3일, 한 번에 20~30분만 투자해도 된다.

40대 후반~50대는 경제적으로 안정되어 운동에 많은 시간을 투자할 수 있지만, 신체 기능이 급격히 떨어지고 각종 성인병들이 발생하는 시기이므로 규칙적인 운동이 필요하다. 앉았다 일어서기, 팔굽혀펴기 같은 운동이 좋고 일주일에 2~3일, 하루 20분 정도 실시한다. 이 시기에는 댄스, 속보, 등산, 골프, 수영, 요가 등을 권장한다. 걷기는 일주일에 3~5일, 한 번에 30~40분씩 하는 것이 좋다. 건강을 위해, 다이어트를 위해, 또는 취미로 운동을 시작하는 사람이 많다. 그러나 대부분의 사람이 중간에 운동을 그만둔다. 왜 그런가? 재미가 없기 때문이다. 재미가 없어도 동기가 뚜렷하면 운동을 지속할 수는 있다.

무역업을 하는 장인규 사장은 결혼 직후부터 계속 체중이 늘더니 나이 마흔이 되자 100kg에 육박하는 거구가 되었다. 몇 차례 다이어트를 시도했지만 그럴 때마다 오히려 체중이 더 늘어나는 결과만 초래했다. 그러던 어느 날 장 사장의 주치의가 "당장 죽어도 놀랍지 않다"는 고혈압 진단을 내린 지 불과 6개월 만에 30kg을 감량하여 학생 시절의 몸매를 되찾았다. 접어 두었던 러닝머신을 다시 꺼내 아침저녁으로 한 시간씩 뛰었는데 지방이 술술 빠져 나가는 느낌이 좋아 "달리기가 정말 재미있었다"고 한다.

비만클리닉 전문의 송준한 씨는 여성의 다이어트에 "남성이 개입되면 수월해진다"고 말한다. 다시 말해 애인이 생기거나 좋아하는 남자에게 '뚱뚱하다'는 핀잔을 듣는 따위의 정서적 충격을 받아 배고픔을 참으면 다이어트에 성공한다는 뜻이다.

마찬가지로 놀이의 동기, 놀이의 재미도 본질적으로는 '혼자 놀기'가 아니라 경쟁과 승패가 있는 '함께 놀기'에서 비롯된다. 그리고 새로운 비즈니스가 '새로운 사람을 만나는 것'으로 시작하듯 새로운 놀이란 '새로운 사람(들)과의 만남'을 필요로 한다. 재미있게 놀고 싶은가? 그렇다면 적극적으로 잘 노는 사람(들)을 찾아야 한다. 가족과 함께 재미있게 놀고 싶은가? 그렇다면 가장이 식솔들을 질질 끌고다니는 놀이는 곤란하다. 남편과 아내가, 부모와 자식이 서로 동등한 자격으로 공정하게 경쟁할 수 있는 놀이를 찾아야 한다.

아직은 몇몇 선진국에 국한된 문화이지만, "나는 놀기 위해 일한다"는 방향으로 일과 여가의 주종 관계가 혁명적으로 뒤집힌 때는 주5일 근무제가 자리를 잡은 20세기 후반이다. 이 충격은 괴지 못힐 변화를 블러왔는데 그것은 노동을 통한 성취만큼 여가를 통한 성취를 중시하게 되었다는 것이다. 다시 말해 예전에는 직업을 통해 출세, 부, 명예를 쟁취하겠다는 것이 인생 목표였다면 이제는 문화, 예술, 스포츠 등의 여가활동을 통해 무엇인가를 성취하려는 움직임이 확산되고 있다는 뜻이다.

요즘 취미로 마라톤을 하는 사람들은 시쳇말로 장난이 아니다. 건강을 유지한다거나, 아마추어로서 42.195킬로미터를 완주했다는 데에 긍지를 느끼는 정도가 아니다. 그들은 서로 기록 경쟁을 하며 각종 대회에서 상위 입상을 목표로 체계적인 훈련을 하고 있다. 이것은 여가 스포츠 활동 전반에 두루 나타나고 있는 현상이다.

취미로 시작한 인라인스케이트가 경지에 달해 각종 대회에서 국가대표를 위협하는 아마추어가 여럿 있으며, 심지어 "국가대표 하라"는 제의를 받은 사람도 있다. 멀쩡하게 직장을 다니는 사람이 그렇게 되기까지는 어떻게, 그리고 얼마만큼 몰두했는지는 불문가지다.

1990년대 초반 하이텔·천리안 등의 PC통신과 함께 등장한 오디오파일(오디오 매니아) 동호회는 불과 몇 년 만에 기존의 전문 오디오 평론가들의 평론을 비판하고 무시하기에 이르더니 급기야 동호회원 중 상당수가 각종 매체에서 평론가로 활동하게 되었다. 도대체 왜들 그럴까? 물론 재미있기 때문이다.

설렁설렁 남는 시간이나 때우자고 시작한 취미에서 전문가 수준의 매니아로 발전하게 된 가장 큰 요인은 여가 시간의 증가, 그리고 PC통신과 인터넷이 온라인 커뮤니티를 제공한 덕택이다. 특히 온라인 동호회는 두 가지 결정적인 동력을 제공한다. 하나는 서로 정보를 교환함으로써 지식을 습득하고 기술이 획기적으로 발전하게 된다는 것이며, 다른 하나는 선의의 경쟁과 승패를 통해 재미를 느끼게 된다는 것이다. 잘난 척하고 싶어하는 인간의 본능으로 인해 기술·정보가 활발하게 교환된다는 사실은 수긍이 가는 이야기다. 그런데 경쟁과 승패가 재미를 가져다준다는 말은 어떤 뜻인가? 일이든 놀이든 그것에 몰두하게 하는 힘은 바로 동기이며 그 동기는 사회적 관계에서 비롯된다. 먹고 자고 배설하고 성교하는 원초적인 욕망, 즉 동물적 욕망이 해소된 이후의 욕망은 사회적 관계에서 비롯되는 것이다. 80~90%가 마진인 줄 뻔히 알면서 강남이 샤넬, 아르마니, 헤르메스 없이 못 견디는 까닭은, 그것들을 걸치지 않으면 남보기에 창피하다고 느끼거나 남 앞에서 우쭐대고 싶기 때문이 아닐까?

세상에 자기 혼자라면 결코 지출하지 않을 돈을 쓰고, 충분히 먹고 살 만한데도 더 일하고 더 벌려고 기를 쓰는 까닭은 이처럼 사람과 사람 간의 관계가 만들어낸 경쟁심 때문이다. 눈에 보이지도 않는 박테리아부터 집채만한 고래에 이르기까지 경쟁과 승패는 자연의 본성이며, 남보다 잘나고 똑똑하고 강해지고 싶어하는 욕망은 인간이 자연의 일부라는 증거다. 결국 재미는 욕망이 해소되는 과정에서 발생하므로 경쟁과 승패 없는 재미란 있을 수 없는 것이다.

놀이의 재미에는 두 가지가 있는데, 그 하나가 수동적인 재미다. 즉, 놀이공원에서 롤러코스터를 타거나 TV 앞에서 낄낄거릴 때처럼 기계가 제공하는 재미를 수동적으로 받아들이는 경우다. 다른 하나는 이와 상반되는 능동적인 재미다. 수동적인 재미와 능동적인 재미는, 바로 월드컵 때 시청 앞 광장에서 응원한 사람과 TV로 중계방송을 시청한 사람의 차이에서 확연히 드러난다.

TV 중계를 시청한 사람들에게는 축구가 목적이지만 시청 앞 광장에 모인 사람들에게 축구는 하나의 수단이었다. "나는 X를 좋아한다"고 할 때 X 자체가 목적이면 수동적인 놀이고, X가 수단이면 자발적으로 참여한 사람들과의 관계에서 재미가 비롯되므로 능동적인 놀이가 된다. 능동적인 놀이는 경쟁과 승패라는 사람과의 관계에 의해 재미가 증폭된다. 때로는 X는 뒷전이고 사람과의 관계가 주가 되는 경우도 많다.

예를 들어 혼자 TV 뉴스를 시청하다 감정이 폭발하여 분신자살한 열사가 있었던가? 분노는 광장에 모인 사람의 수에 비례하여 증폭되고 급기야 목숨과 바꿀 만큼 폭발적으로 발산된다. 시청 앞 광장에서 홀로 전광판을 바라보며 목이 쉴 사람이 있겠는가? 시청 앞 광장에서는 사람 하나하나가 놀이 도구이자 콘텐츠였던 것이다. 고무줄, 숨바꼭질, 오징어, 다방구……. 옛날 아이들 놀이에서도 사람 자체가 놀이 도구 또는 콘텐츠였다.

오늘날 가정과 학교에 어떤 문제가 있다면, 사람이 콘텐츠인 옛날 놀이와 홀로 기계와 마주하는 요즘 놀이를 비교해 보라. 무엇이 달라지고 무엇이 모자라고 무엇이 문제인지를 어렴풋하게나마 알 수 있을 것이다. 그리고 부부 간에 부모 자식 간에 무엇이 부족한지를 알게 될 것이다.

2$\frac{1}{2}$은 재미있게 놀자! 그리고 무슨 놀이든 재미없으면 시작도 하지 말자. 다시 강조하건대 즐겁고 풍요로운 이중생활, 즉 전혀 다른 삶으로서의 주말은 전혀 다른 사람들과의 만남, 전혀 다른 사람들과 관계를 맺는 시간이어야 한다. 주말에는 재미있게 노는 사람들을 찾아나서자.

X게임에 도전해보자

올 봄 어느 일요일, 한강 시민공원에서 자전거를 타다가 뒤에서 목격한 장면이다. 조기축구회 운동복에 인라인스케이트 보호장구로 중무장한 40대 아저씨가 몸에 착 달라붙는 슈트를 입은 아가씨 뒤꽁무니를 10여 분이나 졸졸 따라가고 있었다. 시쳇말로 '작업'에 들어가려는 것이 아니었다. 스케이팅이 서툰 아저씨가 죽을 힘을 다해 잘 타는 아가씨를 추월해 보려는 것이었다. 아가씨가 웃는 얼굴로 가끔 뒤를 돌아보는 모양이 아무래도 아저씨가 포기하지 않도록 일부러 속도를 조절하는 듯했다.

결국 오르막길에서 다리가 풀린 아저씨는 짚단 쓰러지듯 앞으로 넘어졌다. 숨을 헐떡거리며 일어선 아저씨, 이번에는 서둘러

출발하려다 뒤로 넘어지고 말았다. 결말을 확인한 아가씨는 깔깔 웃으며 번개처럼 사라졌는데, 남 보기 창피했는지 아니면 아가씨와 끝장을 보려는지, 아저씨도 씩씩거리며 재빨리 달려가기 시작했다. 이젠 우리나라에서도 운동이 일상이 되어가고 있다.

흰 와이셔츠의 대기업 사원이 일등 신랑감으로 꼽히던 시절은 지나갔다. XX주식회사를 XX가족이라 즐겨 부르던 시절도 갔다. 충성을 바친 대신 철 밥통을 하사받던 시절도 끝났다. 평생직장이란 안도감이 사오정(45세 정년) · 오륙도(56세까지 월급받으면 도둑)의 불안감으로 뒤집어지는 데는 겨우 10년도 걸리지 않았다. 앞으로 또 어떻게 변할는지는 아무도 모르나, 우리나라에 노인 일자리를 만들어 줄 인프라가 전무하다는 현실은 똑바로 바라보아야 할 것이다. 직장에서 20~30년 동안 겪은 산전수전이 헛수고가 되고, 지식은 낡아 버리고, 인맥은 등을 돌릴지도 모른다. 그러나 사오정은 그렇게 다시 20~30년을, 오륙도는 10~20년을 더 살아야 한다. 그들은 무엇으로 사는가? 오직 하나, 살아야겠다는 의지와 그 의지를 뒷받침하는 힘, 세상에서 유일하게 나만의 힘인 '체력' 외에는 없다.

요즘 청 · 장년층의 건강에 대한 관심은 화제가 아니라 일상이 되어간다. 그래서 일과 술에 찌들어 살던 이전 세대와 달리, 누가 20대이고 30대인지, 누가 40대고 30대인지, 외모만 가지고는 도무지 분간하기 어려운 경우가 많다. 매달 100만 원을 노화방지

클리닉에 갖다 바치는 사람이 있는가 하면, 6개월 코스의 '간 해독 프로그램'에 1000만 원을 선뜻 지불하는 사람도 적지 않다. 동기는 모두 엇비슷하다. 그들은 "나를 위해, 내 가족을 위해 나는 좀더 일해야 한다"고 말한다. 외모는 당연히 강력한 경쟁력 중의 하나다. 또한 체력 저하가 노화의 원인인 동시에 증상이라는 것을 독자들도 잘 알고 있을 것이다.

미국계 I사 김동현 부장은 "30대 중반을 넘어서면서부터, 이제부터는 체력 싸움이라는 공감대가 또래 사이에 확산되고 있다. 나뿐만 아니라 동료들도 벌써 운동을 시작했다"고 말한다. 아무튼 요즘 직장인들은 달리고 헤엄치고, 또 바르고 가꾼다. 머리와 투지만 가지고 버티던 시절은 지나가 버린 것이다.

건강을 유지하고 더 건강해지기 위한 운동에는 종류가 무척 많다. 그러나 나는 우선순위를 놀이의 재미에 두고 더불어 건강을 얻을 수 있는 운동을 좋아한다. 재미는 욕망을 연소시키는 과정에서 발생하므로 인간은 자기가 좋아하는 운동에 얼마간 중독되는 경향을 보인다. 그래서 "들여놓은 러닝머신이 자꾸 눈에 밟힌다"는 따위의 의무감에 떠밀리지 않고 자발적으로 운동을 하게 된다.

단국대 체육대학 강신욱 교수는 "운동 중독에 빠진 사람이 7.4%에 이르는데 이 수치는 알코올·도박·쇼핑 중독보다 더 지독하며 인터넷 중독과 비교해도 2배 가량 높다"는 내용의 논문을 발표했다. 특정 운동에 중독된 사람은 처음에는 '타인과의 경쟁'이라는 원초적 욕망의 해소에 재미를 느끼다가 차츰 자신과의 경쟁으로 돌아선다. 예를 들어 경지에 이른 마라토너는 자신이 스스로에게 부과한 목표, 즉 시계바늘과 경쟁할 뿐 누가 자기를 추월할지언정 쉽사리 흥분하지 않는다고 한다.

"인터넷 중독보다 2배라면 너무 심각한 것 아니냐?" 또는 "기진맥진했을 때 분비되는 엔도르핀의 장난인 것 같다, 느낌이 좋지 않다"는 전문가도 있지만, 나는 인간에게 중독성, 즉 '욕망의 발생과 해소의 쾌락' 없이 반복되는 일상은 없다고 생각한다. 심지어 인간은 통증이나 채무 따위의 일시적인 고통은 물론 끝내 해소되지 않을 갈등이나 원한 따위의 고통에도 중독되어 살아간다. 이런 고통의 (일시적인) 망각 또한 쾌감을 불러오기 때문이다. 이를테면 마약 중독자에게는 약을 한 상태가 정상이고 약을 하지 않으면 지독한 고통을 느낀다. 다시 말해 마약 중독자는 약이 제공하는 유토피아가 아니라, 지옥 같은 고통의 일시적인 해소에 중독되는 것이다. 이런 마약 중독의 측면은, 늘 일과 돈과 관계에 찌들어 사는 우리의 일상과 어찌 그리 비슷한가?

차라리 운동 중독자가 되는 편이 낫다. 마약 중독자가 숙을 찾지 않듯 운동 중독자는 일과 삶의 고통에 쉽사리 중독되지 않는데다가 건강과 체력 하나는 확실하게 챙길 수 있지 않은가.

거두절미하고, 기왕 운동을 하려면 "X게임에 도전하라!"고 권하고 싶다. 30~40대 독자들은 "남사스럽게 무슨 소리냐?"고 하겠지만 중독성에 관한 한 '높이 · 속도 · 드릴'의 X게임을 따라올 스포츠는 거의 없다. 지난 세대의 중독성 스포츠로 경쟁(내기) 골프와 스피드 스키를 꼽는다. 요즘에는 골프가 많이 대중화되었다고는 하지만 아직 평범한 직장인들과는 거리가 있을뿐더러 체력과 건강을 가꾸는 측면에선 좀 아쉬운 면이 없지 않다. 그리고 알다시피 스키는 스노우 보드에 도망치듯 자리를 내주고 있다.

왜 그럴까? 아마도 이 물음에는 니체의 한마디가 딱 들어맞는 답이 될 듯하다. "인생에서 가장 큰 수확과 즐거움을 얻는 비결은 위험 속에서 사는 것이다." '위험 속에서 무엇을 얻는다'는 말을 어떻게 풀이하든, 나는 주말을 살아가는 방식으로서 니체의 말에 전적으로 동의한다. 위험이란 것이 '일상이 아닌, 낯선, 처음 경험하는, 나에게 어울리지 않는, 남들이 하지 않는, 전혀 다른, 두려운' 등으로 풀이된다면 말이다.

혹시 우리는 국가가 국민을, 회사가 직원을, 심지어 가족이 가장을 효율적으로 부려먹기 위해 둘러놓은 울타리 안에서 '안전'하다고 믿어온 것은 아닐까? 국가의 울타리도, 사회의 울타리도, 몸과 마음을 바쳐온 회사의 울타리도, 심지어 가족의 울타리도 당신을 지켜주지 못하는 오늘, 체면이든 나이든 의리든 넘지 못할 울타리가 어디 있단 말인가? 젊은 신세대들이 단지 철이 없어서 X게임을 좋아하겠는가? 이유는 단 하나, 미치도록 재미있기 때문이다.

30~40대는 X게임을 시작하는 순간 스타가 된다. 발을 들여놓는 것만으로도 돋보이는 존재가 되고, 사람이 달라 보이고, 자부심과 자신감을 얻을 수 있다. X게임의 세계는 무궁무진하다. 우리나라의 X게임은 아직까지는 3B, 즉 계단과 장애물을 넘나드는 스케이트보드(Board), 앞바퀴를 들고 돌진하는 BMX 자전거, 벽을 타고 공중제비를 넘는 인라인스케이트(Blade) 위주이지만, 이미 길거리 썰매 스트리트루지(street luge, 쉽게 말해 동계올림픽 때 보는 루지 경기를 아스팔트 길에 옮겨 놓은 것), 인공암벽을 오르는 스포츠클라이밍, 하늘에서 서핑보드를 타는 스카이서핑, 물위에서 타는 웨이크보드(wakeboard) 같은 다양한 X게임들이 속속 들어오고 있다.

물론 육체적인 위험이 얼마간은 따른다. 그러나 일과 술과 분노에 중독되어 운전하는 것보다 X게임이 훨씬 안전하지 않겠는가? 죽을 작정으로 운동하는 사람은 없을뿐더러 모든 스포츠에는 안전 장치가 잘 되어 있다. 요즘 동호 인구가 갑자기 늘어난 인라인스케이트의 안전성에 관해 의견이 분분한데, 보호장구를 착용한 인라인스케이트는 자전거는 물론 농구보다도 부상의 빈도와 정도가 낮다. 산악 자전거 역시 탈 용기와 보호장구만 제대로 갖춘다면 가족과 함께 즐겨도 좋은 스포츠다.

빨리 X게임에 중독되려면 먼저 시작한 이들의 동호회에 끼여드는 용기가 필요하다. 나이가 한참 어린 젊은이들이 대부분이지만 그들은 의외로 30~40대를 반긴다. 요즘 신세대들은 나이에 대한 편견이 적을뿐더러 더군다나 주머니가 얄팍한 그들이 밥과 생맥주를 먹여 줄 30~40대를 마다할 이유가 없기 때문이다.

조기축구회 운동복을 입고 아가씨를 추격하던 아저씨는 결코 인라인스케이트를 포기하지 않을 것이다. 그리고 언젠가는 슈트 입은 아가씨를 멋지게 따돌릴 수 있을지도 모른다. 운동복에서 슈트로 갈아입은 아저씨에게 누군가는 이렇게 말할지도 모른다. "아저씨 미쳤어요?" 그러면 뒤로 재주를 서너 바퀴 돌며 "그래, 나 미쳤다"라고 대답하면 그만이다.

마음은 몸의 건강을 따라간다

요즘 웰빙(well-being)이 유행이다. 웰빙이란 원래 물질적 욕심에서 벗어나 몸과 정신이 건강한 삶을 행복의 척도로 삼자는 것이다. 그런데 사람이 어떻게 물욕에서 벗어나겠는가? 웰빙의 영향으로 공기청정기 판매량이 증가하는 것을 보면 웰빙이 물질적 조건에서 출발함은 분명하다. 정신력, 투지, 헝그리 정신…… 가난이 일상이었던 우리는 어려서부터 "정신이 육체를 지배한다"고 배웠다. 그런데 과연 그럴까?

나는 "사람은 욕망이 없으면 움직이지 않는다"는 말을 자주 한다. 욕망이 무엇인가? 모든 욕망은 물질적 결핍에서 비롯된다. 후반 5분을 남기고 상대를 10대 0으로 이기고 있는 축구팀의 정신력이 강해 봤자 부상만 당하기 십상이다. 축구선수의 정신은 스코어라는 물질적 조건의 지배를 받는다.

우리는 돈이 없으면 당장 죽을 병에 걸려도 병원에 가지 못하는 자본사회에 살고 있다. 정신력으로 죽을 병을 이기는 사람은 별로 없다. 만일 우리가 같은 논의 벼처럼 동일한 조건으로 살아간다면 정신의 건강이라느니 정신의 병이니 하는 말이 필요할까? 인간의 정신활동은 무엇을 끊임없이 비교하는 활동이다. 욕망, 두려움, 질투, 행복, 슬픔 등 모든 정신활동은 무엇을 다른 무엇과 비교함으로써 가능하다.

자본사회에서 웰빙이란 "(남보다 더) 벌 만큼 벌었으니까 이제 (남보다 더) 몸조심해야지"라는 물질적 조건에서 출발한다. 물론 산 속에서 나물과 씨앗을 날로 먹으며 건강한 몸과 정신을 지키는 사람도 있다. 훌륭한 사람이다. 그러나 어느 사회에든 대부분의 사람은 그렇게 훌륭하지 못하고, 우리는 그들을 존경할 뿐이다. 달동네 셋방살이 가장이 (정신의) 웰빙을 부르짖어 보라. 아내와 자식에게 쫓겨나지 않으면 다행이다.

정신은 물질적 조건, 즉 육체의 지배를 받는다. 물질에 대한 욕망이 없으면 성공도 없다. 그 욕망을 유지시켜 주는 원동력은 정신력이 아니라 체력이다. 피곤하고 병든 사람은 '쉬고 싶다' 는 육체의 요구 앞에 정신이 굴복하게 마련이다. '성공하고 싶다' 는 욕망이 '드러눕고 싶다' 는 욕망에 굴복하면 성공은 물 건너간다.

다시 말하지만 정신은 육체의 지배를 받는다. 그러므로 가진 것 없는 자일수록, 밑에서 기는 자일수록 몸이 튼튼해야 한다. 운동을 해야 한다.

"몸이 부실한 남자에게는 돈을 빌려주지 말라"는 말이 있다. 이것은 그냥 웃자고 하는 소리가 아니다. 남성의 경우 나이를 먹어 성욕이 사라지거나 성기능이 망가지면 스스로 자리에서 물러나는 경우가 많다고 한다. 일하고 싶고, 성취하고 싶은 의욕이 사라지는 것이다. 그 반대편에 영웅호색이란 말이 있다. 나는 "건강한 몸에 건강한 정신이 깃든다"는 말은 거짓이라고 생각한다. 튼튼한 몸에 튼튼한 욕망, 즉 성공하고 성취하고 싶은 욕망이 깃든다.

몸은 돈과 시간을 투자하는 만큼 값을 한다. 좋은 음식을 먹고 푹 쉬고 충분히 운동을 한 사람과 그렇지 못한 사람은 서른만 넘어도 눈에 띄게 차이가 나기 마련이다. '웰루킹(well-looking)'이란 말도 있다. "멋진 삶을 원한다면 먼저 멋진 사람이 돼야 한다." 이것이 웰루킹족의 구호다. 잘생긴 영업사원의 실적이 그렇지 못한 영업사원보다 월등히 좋다는 것은 통계로 증명된 바 있다. 운동으로 다져진 멋진 외모는 곧바로 자신감으로 연결된다. 외모가 뛰어난 사람이 그렇지 못한 사람보다 대인관계에 더 적극적이라는 것도 일반적인 상식이다. 지금 군살이 덕지덕지 붙고 배가 나온 당신의 모습은 진짜 당신의 모습이 아닐 수도 있다. 다시 말해 지금 당신의 삶은 원래 당신의 삶이 아닐 수도 있다는 뜻이다.

X게임이란 익스트림 게임(extreme game)의 약자로, 위험을 무릅쓰고 여러 가지 고난이도 묘기를 펼치며 위험을 재미로 승화시키는 레저 스포츠를 통칭한다. 1970년대에 서구에서 스케이트보드와 롤러스케이팅 등 도시 청소년이 즐기던 놀이문화로부터 비롯되었으며, 1990년대 미국 스포츠 전문 케이블TV인 ESPN이 처음으로 'X게임'이라는 프로그램을 제작하면서 본격적으로 보급되었다. 위험이 따르기는 하나 안전 수칙을 잘 따르고 철저히 준비만 한다면 나이에 구애받지 않고 즐길 수 있다.

· **여름 게임**

스케이트보드, 인라인스케이팅, BMX(bicycle stunt riding), 인공암벽등반(sport climbing), 스카이서핑(sky surfing), 도로썰매타기(street luge) 등

· **겨울 게임**

스노보딩(snowboarding), 산악자전거(mountain biking), 스키보딩(ski boarding), 스노크로스(snow cross), 자유스키(free skiing), 빙벽등반(ice climbing), 동력 눈썰매경주(super-modified shovel racing)

· **기타 게임**

서바이벌게임(survival game), 윈드서핑(wind surfing), 래프팅(rafting), 번지 점프(bungee jump), 웨이크보드 등

취미가
인생을 바꾼다

_ 10년을 즐길 수 있는 취미를 찾아라
_ 매니아에서 프로페셔널로

10년을 즐길 수 있는 취미를 찾아라

인테리어 사업을 하는 오경식 사장은 라틴댄스 매니아다. 사실 인테리어 사업을 하고 있기 때문에 매니아라고 부르는 것이지, 그의 춤솜씨는 프로들의 감탄을 자아낼 정도다. 그의 사업은 자신의 라틴댄스의 역사와 함께 성장해 왔다고 해도 과언이 아니다. 1997년 친구의 권유로 지르박과 자이브를 배우는 것으로 시작해서 멜렝게와 살사를 거쳐 탱고의 세계에 들어선 때는 2000년 무렵이었다. 그때 오 사장의 친구들은 춤솜씨를 뽐내는 동시에 이른바 '직입'의 새미도 즐기기 위해 구도 카바레를 찾았다. 그러나 오 사장은 쉰 살이라는 나이를 무릅쓰고 젊은 라틴댄스 매니아들이 주로 찾는 라틴댄스 바에서 '댄서의 지조'를 지키며 쉼 없이 댄스에 몰두했다.

2001년부터 오 사장의 솜씨가 매니아들 사이에 알려지면서 그의 주변에 사람이 모이기 시작했다. 오 사장은 국내외 전문강사에게 지속적으로 강습을 받는 한편, 청담동의 한 라틴 바에서 모임을 만들어 초보자들을 가르치기 시작했다. 오 사장은 "안 아픈데가 없었는데…… 20년 고질병인 무릎이 나으니 일할 맛이 나고 그래서 사업도 잘 되는 것 같다"고 말하지만, 실은 그 초보자라는 사람들이 대개 한 가락씩 하는 인물들이어서 선생님의 사업에 적잖은 도움이 되었던 것이다. 먼저 배운 친구들이 카바레에서 서툰 솜씨로 시간을 보내고 있을 때 오 사장은 라틴댄스를 안다는 사람들 사이에서 우뚝 선 것이다.

주말과 휴일에 관한 한, 우리나라에는 두 종류의 사람이 있을 뿐이다. 하나는 "무얼 할까" 고민하는 사람이고 다른 하나는 "기다렸다"는 듯 행동을 개시하는 사람이다. 앞만 보고 달려온 개발시대의 주역이든, 온몸을 바친 민주화 운동의 주역이든 우리 직장인들은 노는 법을 배우지 못했다. 그래서 시간이 나도 즐겁게 놀 줄을 모른다.

일전에 이어령 전 문화관광부 장관, 김학준 동아일보 사장, 유영구 명지대 이사장, 이광모 중앙대 영화과 교수 등의 쟁쟁한 인사들이 모여 '여가문화학회'를 만들었다는 소식을 들었다. 이것은 바로 놀 줄 모르는 우리 문화를 방증하는 것이 아니겠는가. "놀이면 그냥 놀이지 무슨 학회냐?"라고 비아냥거리는 사람도 있겠지만 사실 노는 법도 배울 필요가 있다. 어린 시절의 단순한 놀이에도 규칙이 있고 경쟁이 있고 승자와 패자가 있지 않은가. 규칙을 모르면 즐겁게 놀기는커녕 끼워주지도 않는 것이다. 하물며 요즘처럼 복잡·심오해진 놀이 문화는 얼마간의 학습 기간을 필요로 한다. 따라서 처음 접하는 놀이의 재미를 느끼려면 얼마간의 인내와 노력이 필요하다.

S전자 인사팀 박영웅 과장은 "제가 신입사원이었을 때는 '잘 노는 사람이 일도 잘한다' 그리고 '평범한 모범생보다 개성 있는 문제아가 낫다'는 말이 그저 남의 나라 이야기 또는 우스갯소리 정도로 통했는데 요즘은 진짜 현실이 된 느낌이다"라고 한다. 예전에는 그물형 채용, 즉 정형화된 틀을 통과하는 사람은 무조건 채용하는 방식이었는데, 요즘은 낚시형으로 바뀌어 남다른 끼와 독창적인 특기를 가진 사람을 위주로 선발한다는 것이다. 그 옛날 이른바 '자동차 왕'으로 통하는 헨리 포드도 "일만 하고 쉴 줄 모르는 사람은 브레이크 고장난 자동차만큼 위험하다"고 말하지 않았던가.

서먹서먹한 부부가, 세대 차이가 나는 부모와 자식이 친해지고 화목해지는 방법도 함께 노는 것말고는 저당한 방법이 거의 없다. 부부가 함께 참여하는 서울 반포 지역 마라톤 동호회 회장 한기헌 씨는 "요즘 하루에 400쌍이 이혼한다지요? 우리 회원이 45쌍인데 지난 2년 동안 이혼한 부부가 하나도 없어요"라고 자랑한다. 사실 이런 현상은 부부가 함께 참여하는 모든 종류의 모임에서는 일반적인 것이다. 간혹 "원래 이혼하지 않을 만큼 금실이 좋으니까 동호회 활동도 함께 하는 것 아닌가?" 하고 반문하는 사람도 있는데, 사이좋지 않은데 결혼하는 부부가 어디 있겠는가?

경력 15년의 L초등학교 교사 김미영 씨는 "아이 행동을 보면 그 집 부모, 특히 아빠가 아이와 놀아주는지 아닌지를 금세 알 수 있다"고 한다. 그리고 가장이라는 의무감 때문에 마지못해 여기저기 끌고 다니는 것이 아니라, 자녀와 함께 즐기면서 놀아주는 부모 밑에서 자라는 아이는 자신감과 타인에 대한 배려가 그렇지 못한 아이들에 비해 눈에 띄게 차이가 난다고 한다.

요즘 놀이는 10년 전과는 비교할 수 없을 만큼 다양해지고 전문화되었다. 예전에는 어른들의 놀이라고 해봐야 조기축구, 바둑, 낚시, 등산, 그리고 화투 등 손에 꼽을 정도였지만 이제는 명칭만 나열해도 책 한 권이 될 정도로 늘어났다. 바야흐로 우리나라에도 매니아 문화가 정착되기에 이르렀다. 프로페셔널이 직업을 통해 특정 분야의 전문가가 된 사람이라면 매니아는 놀이를 통해 전문가가 된 사람이다. 따라서 매니아 문화가 확산되면 일과 놀이가 중첩되는 흐름을 낳는다. 다시 말해 자신의 취미를, 자신이 좋아하는 놀이를 직업으로 삼게 되는 것이다. 옛날에는, 당시의 표현대로 하면 '멀쩡한 직장 때려치우고, X에 미쳐서……' 직업을 바꾼 사람도 더러 있었지만, 그때는 X에 미친 사람의 수가 안정적인 직업으로 이어지기에는 너무 적었다. 대부분의 직장인들에게 일주일에 하루 쉬는 일요일은 모자란 잠을 자기에도 부족했던 것이다.

매니아 문화의 확산은 쉽게 말해 우리 사회에 돈과 시간이 남아돌기 시작했음을 뜻한다. 문화평론가 정인상 씨는 "복고풍이 유행하지 않았습니까? 옛날 교과서나 철인 28호 같은 촌스러운 물건을 수집하는 '그때를 아십니까' 따위의 전시회도 자주 열리고……. 이젠 과거를 뒤돌아볼 만큼 호주머니에 여유가 생겼다는 뜻입니다. 의미 있는 변화죠. 취미가 직업이 될 수 있을 만큼의 경제 규모에 이른 것입니다"라고 풀이한다.

헤아릴 수 없이 많은 취미와 놀이들. 누가 무엇을 좋아하든 어떤 놀이에 도전하든 필자는 "당신이 일하는 만큼 열심히 놀라"고 권한다. 가는 데까지 가보는 것이다. 즉, 놀이를 통해 자신의 한계에 도달해 보는 것이다. 당신의 일과 당신 삶의 전체를 관찰하려면 그것에서 빠져 나와 마치 산 위에서 마을을 내려다보듯 객관적으로 바라볼 수 있어야 한다. 그 방법은 전혀 다른 삶을 통해, 즉 놀이를 통해 자신의 한계에 도달하는 것말고는 없다. 스님이 속세를 떠나 산중에 거하는 까닭이 타락한 세상이 싫어서인가? 아니다. 숲속에서는 숲을 볼 수 없기 때문이다.

당신의 $4\frac{1}{2}$ 이 당신의 $2\frac{1}{2}$ 을 침범하거나 억압하지 못하도록 철저히 방어하라. 당신의 일이 당신의 놀이를 방해하지 못하도록 지켜라. 그리하여 $2\frac{1}{2}$ 은 전혀 다른 삶을 살아라. 그러면 지금 당신의 $4\frac{1}{2}$ 이, 당신의 일이, 당신의 인생이 보일 것이다.

매니아에서 프로페셔널로

최근 한국창업개발연구원이 20~30대에 창업하여 성공한 20명을 대상으로 성공 비결을 묻는 설문조사를 했다. 조사 결과, 이들의 업종은 유통업 8명, 외식업 7명, 서비스업 5명이고, 창업 동기를 묻는 질문에 '돈을 많이 벌기 위해서'라고 답한 사람이 7명, '성취에 대한 욕구'가 7명, 그리고 '취미가 직업이 된 경우'가 3명, '부업이 주업으로 바뀌었다'고 대답한 사람이 1명이었다. 아직까지 여가문화가 부실한 편에 속하는 우리나라에서 창업에 성공한 20명 중 취미가 직업이 된 경우가 3명이라면 결고 적은 비율이 아니다. 거꾸로 생각하면 그만큼 취미를 통한 창업에 유리한 점이 많다는 뜻이기도 하다. 앞으로는 주5일 근무제와 레저문화의 확산에 따라 취미-창업에 도전하고 또 성공하는 이들의 비율이 점점 더 높아질 것이다.

취미-창업의 가장 유리한 점은 다른 무엇보다도 '자기가 오랫동안 즐기던 일을 한다'는 데 있다. 두 번째 유리한 점은 함께 취미 생활을 하던 동호인들과의 오랜 친분이 창업 후에는 강력한 비즈니스 인맥으로 작동한다는 것이다. 동호인들은 단골손님이 될 수도 있고, 정보원이 될 수도 있고, 홍보망이 되기도 한다. 특히 '단골을 얼마나 확보했는가'는 사업의 승패를 결정짓는 가장 중요한 요인이 된다.

마케팅 분야 최고 명문 켈로그 대학의 브라이언 스턴달 교수는 "고객을 장기간 유지하는 것은 매우 중요하다. 고객 유지율을 5% 늘리는 것만으로도 기업의 이윤은 100%까지 증가할 수 있다. 어느 은행의 사례를 보면 20년 동안 유지된 고객은 기업 이윤 측면에서 볼 때 10년 동안 유지된 고객보다 85% 높은 가치를 갖는다"고 말한다. 그리고 80/20 법칙('전체 결과의 80%는 전체 원인 중 20%에서 비롯된다'는 법칙)은 거의 모든 비즈니스에 예외 없이 적용되므로, 매출의 80%를 올려주는 20%의 단골을 확보하고 사업을 시작한다면 성공에 이르기가 훨씬 수월해진다.

취미-창업의 세 번째 이점은 오랜 취미 생활을 통해 그 분야에 대한 전문성을 확보했다는 데 있다. 우리나라의 음식점은 비전문가가 창업하여 주방장과 지배인을 두는 경우가 훨씬 많은데, 유럽에서는 식당 주인의 상당수가 주방장이거나 주방장 출신이며,

전통 있는 레스토랑의 창업자는 대부분이 이름난 주방장이다. 경륜이 중요하다는 이야기고 그만큼 오랜 시간 쌓인 취미의 경륜이 강력한 무기가 된다는 뜻이다. 우리나라에서 새로 생긴 음식점의 70%가 1년 안에 망한다는 사실은 전문가와 비전문가의 차이를 증명해 주는 것이다.

　최근 취미를 창업으로 연결하여 성공한 사람들 중에서 송영혜 씨는 가장 드라마틱한 사례인 듯하다. 태교 때문에 뜨개질을 시작한 그녀는 백화점 문화센터 강사를 거쳐 PC통신에 뜨개질 정보를 제공하면서 유명해졌다. 그녀의 인터넷 사이트(www.banul.co.kr)에는 방문객이 폭주하고 있으며 그녀가 쓴 『손뜨개 이야기』는 10만 부나 팔렸다. 게다가 송씨의 뜨개질 전문점 '바늘이야기'는 가맹점 70여 개를 거느린 대형 프랜차이즈로 성장했다. 뜨개질이라는 한물 간 취미를 오늘에 되살린 송씨, 열정을 바치면 "고목나무에도 꽃이 핀다"는 옛말을 오늘에 되살린 그녀는 인물 중의 인물이다.

　좋아하는 여행을 실컷 하며 돈까지 버는 꿈 같은 인생도 많다. 일례로 여행을 좋아하는 고등학교 교사 하승우 씨는 사진답사 모임을 만들어 주말마다 여행을 다니다 보니 여러 매체에 여행기를 기고하게 되었고, 이윽고 방송에 고정 코너를 맡으면서 여행사를 창업한 경우다. 그간 여행기를 기고하던 매체의 협조와 방송 덕택에 여행사는 큰 어려움 없이 얼마 되지 않아 자리를 잡을 수 있었다. 회사 경영은 전문가에게 맡기고 하씨는 요즘도 여행과 집필과 방송에만 몰두하고 있다.

처음 시작할 때는 별난 취미에 불과했는데 지금은 매니아가 늘어 전망이 매우 밝은 업종도 있다. 하현용 씨는 1980년대 중반 전자회사에 입사하면서 당시에는 생소했던 스킨스쿠버 동아리에 가입, 취미활동을 시작했다. 그는 정규 교육과정을 거쳐 강사 자격증을 취득한 후, 몇 해 전 사표를 던지고 강원도 강릉에 해양스포츠 업체를 창업했다. 요즘 같은 불경기에도 주5일 근무제의 확산에 힘입어 매출이 꾸준히 늘어나고 있다. 일찍이 해양레저 업체를 창업해 자리를 잡은 하씨는 주위 사람들로부터 "머지않아 돈방석에 앉을 거야"라는 부러움을 사고 있다.

사업이 성공에 이르는 경로는 매우 다양하지만, 실패에 이르는 길은 의외로 단순하다. 예를 들어 축구경기에서 수비수가 공격을 잘한다면 가끔 의외의 행운을 불러오겠지만, 수비를 못한다면 매번 경기에서 질 것이다. 마찬가지로 자신의 장점을 잘 살리면 사업에 성공할 수도 있고 실패할 수도 있지만, 자신의 장점을 살리지 못하면 백이면 백 실패할 가능성이 높다.

앞에서 필자는 취미-창업의 장점으로 세 가지를 이야기했다. 그런데 취미가 직업이 된 후에 가장 유의해야 할 것은 자신의 일이 된 취미를 계속 즐겨야 한다는 것이다. 옛 욕지거리처럼 "하던 지랄도 멍석 깔아주면 안한다"는 사람은 돈과 성취에 지나치게 집착하여 눈이 먼 경우다. 낚시꾼이 낚시업자가 되었다고 손맛이 달라지겠는가. 일이 된 취미를 즐기지 않으면 세 가지 장점 중의 하나인 전문성을 유지하기도 힘들어진다.

테프론을 개발한 빌 고어가 설립한 고어 사는 캠핑 장비나 우주복, 인조동맥과 공업용 필터 등 거의 모든 곳에 사용되는, 공기가 통하는 방수용 직물 고어텍스를 발명했다. 고어 사 신입사원은 입사하자마자 다음과 같은 메시지를 받는다. "당신 업무와 자리는 따로 정해져 있지 않습니다. 무엇을 할 것인지는 당신 스스로 파악해야 합니다." 그리고 사장은 신입사원에게 "회사를 한 바퀴 돌아보고 당신이 좋아할 만한 일을 찾으시오"라는 말을 남기고 사라진다.

이렇듯 잘 나가는 회사는 뭔가 달라도 다르다. 회사의 성장 비결이 마치 취미를 즐기듯 직원들이 좋아하는 일을 선택하도록 이끈다는 데 있는 것은 아닐까?

'웰빙'이라는 새로운 라이프 스타일이 등장함에 따라 새로운 유망 직종이 주목을 끌고 있다. 이 가운데는 취미로 시작하여 나이가 든 후에 직업으로도 가질 수 있는 것들도 있다. 아래 제시된 신종 직종 가운데 자신의 현재 직업과 관련되거나 흥미를 끄는 것이 있다면 취미 삼아 관심을 가져보고 직업으로 발전시켜도 좋을 것이다.

1. **다이어트 프로그래머** : 비만 정도를 측정하고 체중을 조절해 주며 부분 비만, 큰 얼굴 관리, 피부 관리, 자세 교정도 실시한다.
2. **파티 플래너** : 음식, 장식, 음악 등 파티 전체의 기획과 진행을 맡는다. 파티 기획사나 파티 용품업체, 파티 커뮤니티 등에서 수요가 늘고 있다.
3. **컬러리스트(색채 전문가)** : 색채 관련 상품기획, 디자인 색채 선택, 선호도 조사 등을 통해 기업의 색채 계획을 수립해 트렌드를 만든다.
4. **동영상 제작 PD** : 스케줄링, 기획, 촬영, 편집, 인코딩 등록까지 동영상 콘텐츠를 생성하는 전 과정을 담당하며 인터넷 방송, 온라인 동영상 교육 등의 분야에서 활동한다.
5. **실버시터** : 노인들의 도우미 역할을 한다. 초고령사회에 접어들면서 실버시터 수요가 급증할 것으로 전망된다.
6. **소믈리에** : 호텔, 레스토랑에서 와인을 골라주는 와인 감별사다. 중앙대, 세종대에 소믈리에 양성과정이 있고, 사설학원도 개설돼 있다.

인생 2막을
준비하자

_ 인생의 후반전을 위한 주말 혁명

_ 인생의 자유를 찾아서

인생의 후반전을 위한 주말 혁명

주5일 근무 시대의 주말을 어떻게 활용할 것인가? 나는 지금껏 독자들에게 "주말에는 전혀 다른 삶을 살아라", "주말에는 거꾸로 살아라"고 강조했다. 극단적으로 말해 우리 인생의 후반전이 전반전의 연장선상에서 진행되리라는 보장이 없는 시대를 살아가고 있기 때문이다. 물론 인생을 무자르듯 전반전과 후반전으로 가를 수는 없다. 그러나 분명한 것은 이 책을 읽는 독자들 중의 다수가 40대에 접어들면 지금 다니고 있는 직장에서 물러날 준비를 해야 한다는 것이다.

올해 초 〈중앙일보 이코노미스트〉가 조사한 것에 따르면 우리나라 30~40대 대기업 직장인들은 자신의 실질 정년을 47세로 보고 있다고 한다. 그런데 "회사를 당장 그만둬도 생계에 지장이 없다"는 응답은 13.5%에 불과해 대부분의 직장인들이 퇴직 후에 별 대책이 없는 것으로 조사되었다. 다시 말해 전반전은 축구선수로 뛰다가 후반전에는 농구를 할지 럭비를 할지, 아니면 그냥 구경만 하게 될지 모른다는 이야기다. "평생직장은 사라지고 평생직업만 있다"는 말이 엊그제 같은데 이제는 평생직업도 보장할 수 없는 시대가 찾아왔다. 다닐 직장이 있어야 직업도 있는 것이 아닌가.

이제는 누구든 40대에 인생의 후반전을 맞이할 거라는 각오를 해야 한다. 최악의 경우 지금까지 당신이 직장을 다니며 쌓아온 경력이 무용지물이 될 수도 있는 그런 후반전을 말이다. 그러므로 지금과는 다른 무엇을 준비해야 하는 것이다. 당신에게 주어진 시간은 주말뿐이며, 지금 당신의 직업에 대한 전문성을 더 치열하게 끌어올리든지 아니면 전혀 다른 직업을 준비해야 할지도 모른다. 바로 내일 느닷없이 직장에서 쫓겨나 무엇으로 먹고 살아야 할지 눈앞이 캄캄해질 수도 있다.

"정 안 되면 식당이라도 하지 뭐."

작년에 회사를 그만둔 고등학교 동창이 술자리에서 한 말이다. 그러나 평생 라면 한 그릇 끓여본 적이 없는 그 친구에게는 차라리 아직까지 식당을 차리지 못한 게 다행인지도 모른다.

주말에 무엇을 할 것인가? 운동도 좋고 취미생활도 좋고 여행도 좋다. 영어 공부도 좋고 자격증 준비도 좋다. 무언들 TV 앞에서 뒹굴거나 피곤에 찌든 몸으로 바닥을 뒹구는 것보다 못할까. 앞서 말한 것처럼 일주일에 $2\frac{1}{2}$ 일은 1년이면 130일이고 10년이면 1300일이다. 무려 3년 반인데, 이는 한 사람 인생의 방향을 완전히 바꾸어 놓을 수 있는 시간이다.

내가 주말을 활용하는 방법으로 놀이를 강조하는 까닭은 놀이가 직업이 되는 사회가 빠르게 다가오고 있기 때문이다. 머지않아 우리 국민의 70~80%는 3차 산업, 즉 먹고 마시고 놀고 쉬는 업종에 종사하게 될 것이다. 더 이상 자신의 직업에 종사할 수 없게 되었을 때 기왕이면 자신이 좋아하고 오랫동안 경륜을 쌓은 취미로서의 놀이를 직업으로 삼는 것이 좋지 않겠는가. 그리고 내가 누차 "잘 노는 사람이 일도 잘한다"라고 강조하는 것처럼 직업을 바꾸지 않는 경우에도 놀이는 일에 큰 도움을 준다.

주말은 인생의 후반전을 위한 소중한 디딤돌이다. 헛되이 낭비하면 그 역효과는 옛날과 비교할 수 없을 정도로 빠르게 나타날 것이다. 이젠 $1\frac{1}{2}$ 이 아니라 $2\frac{1}{2}$ 의 시대이기 때문이다.

대한민국 국민으로서 우리는 모두 같은 수준의 자유를 누리고 있는 것처럼 보이지만 사실 자유는 모두 공평하게 누릴 수 있는 가치가 아니다. 자본주의 사회에서 자유란 자신이 가진 경제적 조건에 따라 제한된다. 한 사회의 자유는 주로 가진 자에게 편중되어 있다.

우리 사회에서 자유는 '먹고 사는 걱정'에서 벗어난 사람만이 누릴 수 있는 가치다. 이건 근본적이고 필수적인 조건이다. 누구든 자신의 직업과 직장을 선택할 수 있지만 직장과 직업의 세계를 마음껏 떠돌아다닐 수 있는 자유는 강한 자, 실력 있는 자, 독보적인 자만이 누릴 수 있는 자유다. 그런데 이런 사람은 많지 않다.

그렇다면 우리처럼 평범한 사람이 누릴 수 있는 자유는 무엇인가? 그것은 자기가 좋아하는 일을 하면서 먹고 사는 것이다. 그 기회를 주5일 근무제의 주말 혁명이 가져다준다. 자유는 주어지는 것이 아니라 스스로 찾는 것이다. 아니 스스로 만든 자유만이 진정한 자유다. 회사가 당신 인생의 후반전을 선택하는 것이 아니라 당신 스스로 후반전을 선택할 수 있는 자유가 진정한 자유다. 승진이든 이직이든 창업이든, 당신 스스로 인생의 후반전을 선택할 수 있는 자유를 만들어내는 시간이 바로 $2\frac{1}{2}$ 이고, 주말 혁명은 당신을 진정한 자유인으로 다시 태어나게 만들어 줄 수 있다.

회사는 시스템으로 움직인다. 말하자면 사장이 이래라저래라 하지 않아도 조직 전체가 자동기계처럼 돌아간다. 상품을 기획하고 만들고 팔며, 조직이 스스로 자신을 관리한다. 조직 내에서 우리는 개개인의 인격과 부딪치지만 회사에는 인격이 없다. 더군다나 요즘 같은 신자유주의 자본사회의 가장 주요한 경제 규범은 자유 · 무한 경쟁이기에 장애인과 정상인이 같은 출발선에서 경주를 하고, 여성이 맨주먹으로 남성과 상대해야 한다. 이러한 무시무시한 경쟁 구조, 이것이 바로 경제적 자유의 실체다.

회사와 직장인 사이에는 계약만 있다. 당신이 지켜야 할 것은 계약이지 의리가 아니다. 우리는 자신에게 주어진 주말을 지켜야 한다. 그것이 우리의 유일한 자유 시간이고 또 미래에 가질 자유의 가능성을 품고 있는 유일한 시간일지도 모르기 때문이다.

인생의 자유를 찾아서

지금까지 나는 "놀지 못하는 인생은 실패한 인생이다" 그리고 "잘 노는 사람이 일도 잘하고 돈도 잘 벌고 더 크게 성공한다"는 이야기를 했다. 성공이란 무엇인가? 우리는 홀로 깨달음에 도달한 부처가 아니므로, 전적으로 자기 만족만을 위해 성공을 꿈꾸는 것은 아니다. 당연히 "남보다 잘산다", "남보다 잘 됐다", "남보다 행복하다"를 성공의 기준으로 삼는 것이다. 따라서 "남보다 잘 노는 것"이 성공의 요인이 된다.

앞에서 언급했다시피 주말 혁명의 본질은 일과 놀이의 관계, 주중과 주말의 관계가 뒤집어지거나 최소한 동등해지는 것이다. 이 변화는 어떤 사람에게는 즐거움일 수도 있고 다른 사람에게는 또 하나의 스트레스로 작용할 수 있다. 왜냐하면 '잘 노는 사람이 일도 잘하고 돈도 잘 벌고 더 크게 성공하는 세상'에서 주말 놀이의 종류와 수준은 곧 자신의 경쟁력이기 때문이다.

세상에 공짜는 없다. 우리는 지금껏 놀 줄을 몰랐고 너무 못 놀 았기 때문에 당분간은 '잘 놀아야 한다'는 강박관념을 가져야 한 다. 내가 이 책에서 소개한 수많은 사례에서 확인할 수 있듯이 놀 이의 종류, 놀이의 수준과 다양성, 놀이를 통해 만나는 사람들의 인맥은 당신의 미래를 결정하는 중요한 요인이 되기 때문이다.

주말 혁명은 치열한 전쟁터다. 그 동안 우리가 일과 성취감에 서 보람을 찾은 것처럼 이제는 놀이를 통해 무언가를 성취하고 성공을 낚아야 한다. 전쟁에 이기기 위해서는 치밀하고 철저한 계획이 뒷받침되어야 한다. 서울대 의대 박상철 교수는 "일을 하 고 남은 시간에 휴식을 취한다는 생각부터가 잘못된 것이다"라 면서 "휴식도 업무처럼 적극적인 계획이 필요하다"고 지적한다. 주말과 휴일을 무위도식하며 빈둥거리다 보면 오히려 불안감에 시달려 월요병이나 만성피로를 불러올 수 있다는 이야기다.

주말 혁명의 가장 큰 의의는 우리가 초등학교 졸업 후 서로 진 로가 다르고 가정형편이 다르고 꿈과 희망이 달라 만날 수 없었 던 다양한 계층의 사람들을 '놀이'를 구심점으로 만날 수 있다는 것이다. 또한 놀이를 중심으로 만난 사람들끼리의 유대감은 학교 동창 이상으로 끈끈하기 때문에 수많은 기회와 가능성이 열리게 되는 것이다. 〈세계일보〉에 '이상헌의 사는 얘기'를 연재해 큰 인기를 끌었던 이상헌 씨는 다양한 만남의 소중함을 다음과 같이 재미있게 이야기한 적이 있다.

학교를 가지 않아도 우리 주위에는 배울 것이 너무나 많다. 이것만 배워도 박사학위 10개 딴 사람보다 더 성공적인 삶을 살 수 있다. (1) 노인에게서 풍부한 지혜를 배우고 (2) 단거리 선수에게서 순발력을 배우며 (3) 장거리 선수에게서 지구력을 배우고 (4) 아이에게서 순수한 마음을 배우고 (5) 농부에게서 성실함을 배운다. (6) 산악인에게서 도전을 배우고 (7) 음식점에서 서비스 정신을 배우고 (8) 신문 배달원한테는 부지런함을 배우며 (9) 수학 선생에게서 문제 푸는 법을 배우며 (10) 군인에게서는 나라 지키는 것을 배운다. (11) 노래방 기계에게 거짓말을 배우고 (12) 잘 웃는 사람에게서는 이 세상에서 가장 아름다운 것이 무엇인가를 배우며 (13) 환경미화원에게서는 이 세상은 저절로 깨끗해지는 것이 아니라는 것도 배우고 (14) 교통사고 현장에서 법규 준수가 얼마나 중요한가를 배우며 (15) 파출소 앞을 지나다 "무엇을 도와드릴까요"라고 쓴 글씨를 보면서 봉사하는 마음을 배운다. (16) 목욕탕에서 때를 밀면서 마음의 때도 함께 벗겨야 한다는 것도 배우고 (17) 노름판에서는 끼여들지 않는 게 장땡이라는 것을 배우며 (18) 롯데 껌을 씹으면서 내가 이 회사에 매년 수천억 원을 벌어주는구나 하는 것도 배우며 (19) 모범택시를 타보면 확실히 돈 많이 받는 차가 서비스도 좋다는 것도 배우고 (20) 야유회에 가보면 잘 노는 사람이 일도 잘 한다는 것을 알게 된다. (21) 각 기업체 강의할 때 일등 가는 직장인이 일등 가는 제품을 만든다는 것도 배우게 되고 (22) 행복한 가정의 가장이 출세길도 빠르다는 것을 배우고 (23) 비리 사건으로 구속되는 사람을 보면서 많이 먹으면 탈난다는 것이 고금의 진리구나 하는 것도 깨닫고 (24) 사무실에 찾아오는 수많은 세일즈맨을 보면서 팔아야 산다는 것을 뼈저리게 배우고 (25) 가나안 농군학교에 가보면 일하지 않으면 먹지도 말아야 된다는 것도 배운다. (26) 지방 출장을 가보면 하룻밤 수천 원짜리 여인숙이나 수십만 원짜리 호텔 방이나 잠 오는 것은 마찬가지라는 것을 배우고 (27) 술집에서 술을 마시다 보면 안주가 모자라고 안주를 시키고 나면 술이 모자란다는 것도 배우게 되며 (28) 병원에 가보면 건강한 게 얼마나 소중한가를 깨닫게 되고 (29) 교육비를 아끼지 않고 쓰는 회사가 눈부신 발전을 하는 것을 보고 비료 준 것만큼 성장한다는 것도 배우고 (30) 세무서에서는 세금을 내면서 이 나라 살림을 내가 하고 있다는 것도 배우게 된다.

-〈세계일보〉, 1993년 6월 18일

나는 이 신문 기사를 10년 동안 보관해 오면서 때때로 꺼내 읽어본다. 사실 내가 이 책에서 하고 싶은 말이 이상헌 씨의 짧은 글 속에 다 들어 있다. '야유회에 가보면 잘 노는 사람이 일도 잘

한다는 것', '일등 가는 직장인이 일등 가는 제품을 만든다는 것'
과 '행복한 가정의 가장이 출세길도 빠르다는 것'을 알고 나면
더 무엇을 알아야 하는가. 거기에 '병원에 가보면 건강한 게 소
중하다는 것'과 '교육비를 아끼지 않고 쓰는 회사가 눈부신 발전
을 하는 것을 보고 비료 준 것만큼 성장한다는 것' 마저 깨닫고
나면 성공은 따놓은 당상 아닌가.

새로운 비즈니스가 그런 것처럼, 결국 새로운 배움이란 새로운
사람을 만나고 새로운 세계에 눈을 뜨는 것이다. 주말 혁명의 전
쟁터에서 살아남아 성공을 거두려면 즐겁고 치열하게 놀이에 몰
두할 수 있는 사람들, 즉 훌륭한 전우들을 만나야 할 것이다. 주
말 혁명은 이미 시작되었다.

KI신서 570
주말, 104일의 혁명

1판 1쇄 발행 | 2004년 4월 20일
1판 2쇄 발행 | 2004년 5월 1일

펴낸곳 | (주)북21
펴낸이 | 김영곤
책임편집 | 이부연 · 김은영
영업마케팅 | 신민식 · 안경찬 · 김진갑 · 박성인 · 이희영 · 박진모 · 이연정
관리제작 | 이인규 · 이도형 · 고선미 · 이종률 · 이영민
교정 · 본문 디자인 | 북커뮤니케이션

등록번호 | 제10-1965호
등록일자 | 2000. 5. 6

주소 | 서울시 마포구 서교동 464-41 미진빌딩 2층(121-841)
전화 | (02)336-2100(대표), 336-2022(기획 · 편집)
팩스 | (02)336-2151
이메일 | book21@book21.co.kr
홈페이지 | http://www.book21.co.kr

값 10,000원
ISBN 89-509-0636-8 13320